建筑工程经济

袁雄洲　侯丙果　李颖浩◎ 著

吉林科学技术出版社

图书在版编目（CIP）数据

建筑工程经济 / 袁雄洲，侯丙果，李颖浩著. -- 长
春：吉林科学技术出版社，2021.8
　　ISBN 978-7-5578-8487-1

　　Ⅰ．①建… Ⅱ．①袁… ②侯… ③李… Ⅲ．①建筑经
济学－工程经济学 Ⅳ．①F407.9

中国版本图书馆 CIP 数据核字(2021)第 157118 号

建筑工程经济

著　袁雄洲　侯丙果　李颖浩
出 版 人　宛霞
责任编辑　王丽新
封面设计　金熙腾达
开　　本　185mm×260mm　1/16
字　　数　247 千字
印　　张　11
印　　数　1—1500 册
版　　次　2021 年 8 月第 1 版
印　　次　2022年 5月第 2次印刷

出　　版　吉林科学技术出版社
发　　行　吉林科学技术出版社
地　　址　长春市净月区福祉大路 5788 号
邮　　编　130118
发行部电话/传真　0431-81629529　81629530　81629531
　　　　　　　　　　81629532　81629533　81629534
储运部电话　0431-86059116
编辑部电话　0431-81629518
印　　刷　保定市铭泰达印刷有限公司

书　　号　ISBN 978-7-5578-8487-1
定　　价　45.00 元

前 言

随着社会生产力的发展，工程技术已经成为经济中的一个不可分割的部分，孤立于经济之外的工程技术是没有生命力的，经济的发展更离不开工程技术的进步。建筑工程经济正是一门研究建筑工程（技术）领域经济问题和经济规律的学科，是一门分析和论证为实现一定功能而提出技术上可行的技术方案、生产过程、产品或服务，在经济上是否科学的学科。建筑工程经济是从事土木工程管理、设计和施工的工程技术和管理人员必备的基础知识，是工程造价建筑工程技术专业的学科平台课程。因此，探讨建筑工程经济，对掌握建筑工程经济的基本原理和方法，进行工程项目经济分析和工程承包方案比较与选择能力有重要作用。

鉴于此，笔者撰写了《建筑工程经济》一书，在内容编排上共设七章，分别为：工程建设与建筑工程经济初探、建筑工程经济评价理论与方法、建筑工程项目不确定性与风险评估、建筑工程项目设计与管理体系优化、建筑工程项目资金与设备更新经济、建筑工程项目财务评价与国民经济评价、价值工程原理与建筑工程项目可行性研究。

本书理论结合实践，且内容切实结合我国经济建设的需要，注重实用性，使内容紧密贴合社会发展实际，旨在加深读者对理论知识的理解，全方位强化知识的学习程度，为培养应用型人才服务。

笔者在撰写本书的过程中，得到了许多专家学者的帮助和指导，在此表示诚挚的谢意。由于笔者水平有限，加之时间仓促，书中所涉及的内容难免有疏漏之处，希望各位读者多提宝贵意见，以便笔者进一步修改，使之更加完善。

目 录

第一章 工程建设与建筑工程经济初探

第一节 基本建设与建筑业分析

一、基本建设

基本建设一词源自苏联对增添固定资产的建设活动的称呼，相当于西方国家的"固定资本投资"，用以说明社会主义经济中基本的、需要耗用大量劳动和资金的固定资产的建设，以区别于流动资产的投资和形成过程。但西方国家的固定资本投资不区分哪些是简单再生产，哪些是扩大再生产。

我国的基本建设主要是指社会主义国民经济中投资进行建筑、购置和安装固定资产的经济活动以及与此相联系的其他经济活动。通过新建、扩建、改建和设备更新改造来实现固定资产的简单再生产和扩大再生产。

固定资产的更新改造在比较长的时间里不包括在基本建设的范围内。1981 年国家决定，从 1982 年起把基本建设投资和更新改造投资统一纳入固定资产投资计划中。

基本建设是形成固定资产的生产活动。固定资产是指在其有效使用期内重复使用而不改变其实物形态的主要劳动资料，它是人们生产和活动的必要物质条件，是一个物质资料生产的动态过程，这个过程概括起来，就是将一定的物资、材料、机器设备通过购置、建造和安装等活动把它转化为固定资产，形成新的生产能力或使用效益的建设工作。

地理学范畴的基本建设是指以扩大生产能力或新增工程效益为主要目标的新建、扩建工程及有关工作，是以投资形式来实现的固定资产再生产，也是落实项目布局的最终环节。

（一）基本建设的主要内容

基本建设是物质资料生产的动态过程，它通过购置、建造、安装等活动，将一定的物资、材料、机器设备转化为固定资产，形成新的生产能力或使用效益。其基本内容包括建筑工程、设备安装工程、设备购置、勘察与设计、其他基本建设工作等。

1. 建筑工程。包括永久性和临时性的建筑物、构筑物、设备基础的建造，以及照明、水卫、暖通等设备的安装，建筑场地的清理、平整、排水，竣工后的整理、绿化，以及水利、铁路、公路、桥梁、电力线路、防空设施等的建设。

2.设备安装工程。包括生产、电力、起重、运输、传动、医疗、实验等各种机器设备的安装，与设备相连的工作台、梯子等的装设，附属于被安装设备的管线敷设和设备的绝缘、保温、油漆等，安装设备的测试盒无负荷试车等。

3.设备购置。包括一切需要安装和不需要安装的各种机械设备、电力设备和工具、器具的购买以及加工制作。

4.勘察与设计。包括地质勘探、地形测量以及工程设计方面的工作。

5.其他基本建设工作。指除上述内容以外的基本建设工作，包括机构筹建、土地征用、职工培训及其他生产准备工作。

（二）基本建设的重要作用

基本建设是国民经济的组成部分，在整个国民经济中占有重要地位，对经济发展起着主导的、决定性的作用。

1.基本建设是提供、提高生产能力和效益的发动机。基本建设通过资本和劳动的投入，维持简单再生产，不断增强扩大再生产的物质技术基础，满足扩大再生产的需求，为国民经济各部门提供越来越多的生产能力（或效益），是国民经济发展的发动机。

2.基本建设是调整产业结构，合理配置生产力的调节器。一个国家或地区在不同的经济发展时期，具有不同的产业结构特征。这就要求基本建设投资遵循产业结构演进的一般规律和一定时期的变化趋势，在各部门、各行业之间进行资源的合理配置，调整和优化产业结构，进而推动经济增长。同理，一个国家或地区的空间发展也是不平衡的，为了充分发挥区域优势，通常以能推广应用先进的产业技术、能获得最佳经济效益为理念，进行各个地区、各个行业的产业结构调整，合理配置生产力，依靠基本建设投资在区域上的分布来实现生产力的合理布局，从而促进区域实现合理平衡的发展。因此，通过基本建设可改变国民经济的重大比例关系，可以调节产业和部门结构及生产力的地区分布，促进国民经济的发展。

3.基本建设是促进社会生产发展和提高人民生活水平的重要保障。基本建设为社会提供住宅和科研、文教、卫生设施以及城市基础设施，改善人民物质文化生活条件，为提高人民生活水平等方面提供了有力的保障。

（三）基本建设的类别划分

基本建设项目种类繁多，为了计划和管理的需要，建设项目可以从以下不同角度进行分类：

1. 按建设的性质划分

按建设的性质分为新建项目、扩建项目、改建项目、迁建项目和恢复项目。

（1）新建项目：是指从无到有或新增固定资产的价值超过原有固定资产价值3倍以上的建设项目。

（2）扩建和改建项目：是在原有企业、事业、行政单位的基础上，扩大产品的生产能力或增加新的产品生产能力，以及对原有设备和工程进行全面技术改造的项目。

（3）迁建项目：是指原有企业、事业单位，由于各种原因，经有关部门批准搬迁到另地建设的项目。不论其建设规模是否维持其原有规模，都是迁建项目。

（4）恢复项目：是指对由于自然、战争或其他人为灾害等原因而遭到毁坏的固定资产进行重建的项目。包括按原来规模恢复建设以及在恢复的同时进行扩充建设的部分。

2. 按建设项目的用途划分

按建设项目的用途分为生产性基本建设和非生产性基本建设。

（1）生产性基本建设是指直接用于物质生产和直接为物质生产服务的建设项目，包括工业建设、建筑业和地质资源勘探事业建设、邮电运输建设、农林水利建设等。

（2）非生产性基本建设是指用于满足人民物质和文化生活需要的项目的建设，包括住宅、文教和卫生设施建设、科学实验研究建设、公用事业建设、金融保险业的建设以及其他建设等。

3. 按建设规模和对国民经济的重要性划分

按建设规模和对国民经济的重要性，分为大型、中型、小型项目。新建项目按项目的全部设计规模（生产能力）或所需投资（总概算）计算。扩建项目按扩建新增的设计生产能力或扩建所需投资（扩建总概算）计算，不包括扩建以前原有的设计生产能力。对于工业建设项目和非工业建设项目的大、中、小型划分标准，国家相关部门有明确规定。生产单一产品的工业企业，其规模按产品的设计生产能力进行划分。如：水泥厂，年产量100万吨以上的为大型项目；20万～100万吨（特种水泥5万吨以上）为中型项目；20万吨（特种水泥5万吨以下）以下为小型项目。生产多种产品的工业企业，按其主要产品的设计生产能力划分；产品种类繁多，不好按产品设计生产能力划分的，则按全部投资额划分。如其他建材行业，总投资2000万元以上为大型项目，总投资1000万～2000万元为中型项目；总投资1000万元以下为小型项目。大、中型项目是国家重要的工程项目，对国民经济的发展具有重要意义。

4.按项目的投资来源划分

按项目的投资来源，可划分为政府投资项目和非政府投资项目。社会的总投资是由政府投资和非政府投资两大部分构成的。

（1）政府投资指政府为了实现其职能，满足社会公共需要，实现经济和社会发展战略，投入资金用以转化为实物资产的行为和过程。

（2）非政府投资是指企业、集体单位、外商和私人投资兴建的工程项目。这类项目一般均实行项目法人责任制。对于企业不使用政府投资建设的项目，一律不再实行审批制，区别不同情况实行核准制或登记备案制。

5.按项目建设过程划分

按项目建设过程，可划分为筹建项目、施工项目、建成投产项目、收尾项目。

（1）筹建项目：指尚未开工，正在进行选址、规划、设计等施工前各项准备工作的建设项目。

（2）施工项目：指报告期内实际施工的建设项目，包括报告期内新开工的项目、上期跨入报告期续建的项目、以前停建而在本期复工的项目、报告期施工并在报告期建成停产或停建的项目。

（3）建成投产项目：指报告期内按规定设计的内容，形成设计规定的生产能力（或效益）并投入使用的建设项目，包括部分投产项目和全部投产项目。

（4）收尾项目：指已经建成投产和已经组织验收，设计能力已全部建成，但还遗留少量尾工须继续进行扫尾的建设项目。

6.按项目工作阶段划分

按项目工作阶段划分为项目决策阶段、项目计划设计阶段、项目实施控制阶段、项目完工交付阶段。

（1）项目决策阶段。在这一阶段中，人们提出一个项目的提案，并对项目提案进行必要的机遇与需求分析和识别，然后提出具体的项目建议书。在项目建议书或项目提案获得通过以后，需要进一步开展不同详细程度的项目可行性分析，最终做出项目方案的抉择和项目的决策。

（2）项目计划设计阶段。在这一阶段中，人们首先为已经决策要实施的项目编制各种各样的计划（针对整个项目的工期计划、成本计划、质量计划、资源计划和集成计划等）。同时，还需要进行必要的项目设计工作，以全面设计和界定项目，并且还要拟定项目各阶段所需要开展的工作，提出有关项目产出物的全面要求和规定。

（3）项目实施控制阶段。在这一阶段中，人们开始实施项目。在项目实施的同时，人们要开展各种各样的控制工作，以保证项目实施的结果与项目设计、计划的要求和目标相一致。

（4）项目完工交付阶段。项目还需要经过一个完工交付的工作阶段才能够真正结束。在项目的完工交付阶段，人们要对照项目定义和决策阶段提出的项目目标和项目计划设计阶段所提出的各种项目要求，首先由项目团队全面检验项目的整个工作和项目的产出物，其次由项目团队向项目的业主或用户进行验收和移交工作，直至项目的业主或用户最终接受了项目的整个工作和工作结果，项目才算最终结束。

（四）基本建设的程序阶段

基本建设是现代化大生产，一项工程从计划建设到建成投产，要经过许多阶段和环节，客观规律性很强。这种规律性，与基本建设自身所具有的技术经济特点有着密切的关系。为了保证建设项目决策正确、建设顺利，实现预期目标，提高投资效果，必须遵循基本建设程序。

基本建设程序是对基本建设项目从酝酿、规划到建成投产所经历的整个过程中的各项工作开展先后顺序的规定。它反映工程建设各个阶段之间的内在联系，是从事建设工作的各有关部门和人员都必须遵守的原则。任何项目的建设过程，一般都要经过计划决策、勘察设计、组织施工、验收投产等阶段，每个阶段又包含着许多环节。这些阶段和环节有其不同的工作步骤和内容，它们按照自身固有的规律，有机地联系在一起，并按客观要求的先后顺序进行。

现行的基本建设程序分为七个主要阶段，分别是：项目建议书阶段、可行性研究报告阶段、设计工作阶段、建设准备阶段、建设施工阶段、竣工验收阶段和项目后评估阶段。这些阶段和环节各有其不同的工作内容。

1. 项目建议书阶段。项目建议书是建设单位向国家提出的要求建设某一建设项目的建议文件，即投资者对拟兴建项目的建设必要性、可行性以及建设的目的、要求、计划等进行论证并写成报告，建议上级批准。

2. 可行性研究报告阶段。项目建议书一经批准，即可着手进行可行性研究，对项目在技术上是否可行、经济上是否合理进行科学分析和论证。可行性研究报告阶段主要包括进行可行性研究、可行性研究报告的编制、可行性研究报告审批等环节。

3. 设计工作阶段。设计是对拟建工程的实施在技术上和经济上所进行的全面而详尽的安排，是建设计划的具体化，是组织施工的依据，是整个工程的决定性环节，它直接关系着工程质量和将来的使用效果。可行性研究报告经批准后的建设项目可通过招投标选择设计单位，按照已批准的内容和要求进行设计，编制设计文件。如果初步设计提出的总概算超过可行性研究报告确定的总投资估算 10% 以上或其他主要指标需要变更时，要重新报批可行性研究报告。

4. 建设准备阶段。项目在开工建设之前要切实做好各项准备工作，主要内容有：征地、拆迁和场地平整；完成施工用水、电、路；组织设备、材料订货；准备必要的施工图纸；组织施工招标，择优选定施工单位。项目在报批开工之前，根据批准的总概算和建设工期，合理编制建设项目的建设计划和建设年度计划，计划内容要与投资、材料、设备相适应，配套项目要同时安排，相互衔接。

5. 建设施工阶段。建设项目经批准开工建设，项目即进入了施工阶段，建设工期从开工时算起。项目开工时间，是指建设项目设计文件中规定的任何一项永久性工程第一次破土、正式打桩的时间。施工项目投产前进行的一项重要工作是生产准备。它是项目建设程序中的重要环节，是衔接基本建设和生产的桥梁，是建设阶段转入生产经营的必要条件。建设单位应当根据建设项目或主要单项工程生产技术的特点，适时组成专门班子或机构，做好各项生产准备工作，如招收和培训人员、生产组织准备、生产技术准备、生产物资准备等。

6. 竣工验收阶段。竣工验收是工程建设过程的最后一环，是全面考核建设成果、检验设计和工程质量的重要步骤，也是项目建设转入生产或使用的标志。通过竣工验收，一是检验设计和工程质量，保证项目按设计要求的技术经济指标正常生产；二是有关部门和单位可以总结经验教训；三是建设单位对验收合格的项目可以及时移交固定资产，使其由建设系统转入生产系统或投入使用。凡符合竣工条件而不及时办理竣工验收的，一切费用不准再由投资中支出。

7. 项目后评估阶段。建设项目后评估是工程项目竣工投产、生产运营一段时间后，对项目的立项决策、设计施工、竣工投产、生产运营等全过程进行系统评价的一种技术经济活动，通过建设项目后评估达到肯定成绩、总结经验、研究问题、吸取教训、提出建议、改进工作、不断提高项目决策水平和投资效果的目的。

工程建设是社会化大生产，有其内在的客观规律。上述程序中，以可行性研究报告得以批准作为一个重要的"里程碑"，通常称之为批准立项，此前的建设程序可视为建设项目的决策阶段，此后的建设程序可视为建设项目的实施阶段。

二、建筑业

建筑业是我国重要的支柱产业之一。建筑业是以建筑产品生产为对象的物质生产部门，是国民经济体系中专门从事土木工程及附属设施的建造，线路、管道和设备的安装以及装饰装修活动的行业。其产品是各种工厂、矿井、铁路、桥梁、港口、道路、管线、住宅以及公共设施的建筑物、构筑物和设施。

（一）建筑业的基本特征

建筑业的特征是由建筑产品和建筑生产的特点决定的。和其他工业产品相比，建筑产品具有以下特点：建筑产品的多样性和生产的单件性；建筑产品的固定性和生产的流动性；建筑产品体积庞大，生产周期长，消耗多，生产受气候影响较大；建筑产品销售的特殊性，不是实物形态在空间上的转移，而是权益的转换。这些特点使得建筑业具有七个特征：1.建筑业属于劳动密集型行业；2.建筑业的物质资源消耗量大；3.建筑业受国家经济政策（生产需求）影响大；4.建筑业与环境密切相关；5.建筑业的人力雇佣以项目为中心；6.建筑业生产零散；7.建筑业进人的障碍小。

（二）建筑业的实施范围

根据国民经济行业分类国家标准《国民经济行业分类》（GB/T4754-2011），将国民经济行业划分为以下 19 个门类：农、林、牧、渔业，采矿业，制造业，电力、燃气及水生产和供应业，建筑业，批发和零售业，交通运输、仓储和邮政业，住宿和餐饮业，信息传输、软件和信息技术服务业，金融业，房地产业，租赁和商务服务业，科学研究和技术服务业，水利、环境和公共设施管理业，居民服务、修理和其他服务业，教育、卫生和社会工作业，文化、体育和娱乐业，公共管理、社会保障和社会组织，国际组织。

其中，将建筑业进一步划分为房屋建筑业（指房屋主体工程的施工活动，不包括主体工程施工前的工程准备活动）、土木工程建筑业（包括铁路、道路、隧道和桥梁工程建筑，水利和内河港口工程建筑，海洋工程建筑，工矿工程建筑，架线和管道工程建筑，其他土木工程建设）、建筑安装业（包括电气安装、管道和设备安装、其他建筑安装业）、建筑装饰和其他建筑业（包括建筑装饰业、工程准备活动、提供施工设备服务、其他未列明建筑业等）。

（三）建筑业在国民经济中的地位与作用

建筑业属于第二产业，是一个独立的物质生产部门，生产独具特色的建筑产品，具有区别于其他部门的技术经济特点，拥有健全的管理机构和稳定的生产队伍，是我国的支柱产业。

1.建筑业为国民经济各部门提供物质基础。现代建筑对于人类来说，不仅仅是赖以生存的基础，还更多地表现出政治、社会、文化、经济对人类的交互作用，是人民生活的重要物质基础，是人类为社会创造价值的场所，也是人类自身发展的环境。改革开放以后，我国建筑业发展迅速，其产品转给使用者以后，就形成各种生产性和非生产性的固定资产，长江三峡水利枢纽、青藏铁路、京沪高速铁路、苏通跨江大桥和杭州湾跨海大桥、北京奥运会场馆、上海世博会场馆等一大批高精尖工程的顺利竣工和投入使用，为我国的经济建设、国防建设、文化建设和民生改善发挥了巨大作用。

2. 建筑业在国民经济中占较大比重。建筑业作为国民经济的重要物质生产部门与整个国家经济的发展、人民生活水平的改善有着密切的关系。随着国民经济的快速增长，固定资产投资率逐年提高，在每年国家和社会的固定资产投资中，有 3/5 ~ 3/4 是由建筑业来完成的。建筑业增加值平稳上升，扣除价格因素，年均增长 12% 左右。建筑业增加值在国内生产总值（GDP）总量排序中，长期稳居于国民经济各产业部门的前 6 位。建筑业的快速发展，大大改善了城乡面貌和人民居住环境，加快了城镇化进程，带动了相关产业发展，成为拉动国民经济快速增长的支柱产业。

3. 建筑业提供大量就业机会，税收贡献突出。我国建筑业不断推进结构调整和产业升级，加快转变增长方式，规模不断扩大，支柱地位日益凸显，为转移农村富余劳动力、增加农民收入发挥了重要作用。目前，建筑业的从业人员已达到 4100 多万人，约占全社会从业人员的 5%，至少直接影响到全国 1 亿多人口的生存和生活质量。建筑业不仅直接拉动了国民经济增长，同时也吸纳了城镇化及农村结构调整所转移的大量劳动力，缓解了就业压力，有力地支持了社会主义新农村建设和"三农"问题的解决。根据国家相关部门统计，建筑业接纳了农村接近 1/3 的富余劳动力就业。此外，建筑业利税总额增加明显，建筑业每年向国家财政提供的利税数在国家财政收入中占到 10% ~ 30% 的比重，在一些地区成为本地财政的支柱性财源，增加值占到 GDP 的 10% ~ 15%，税收贡献突出，为经济的发展和人员就业做出了重要贡献。

4. 建筑业前后关联度大，能带动许多相关产业的发展。在整个国民经济中，没有一个部门不需要建筑产品，而几乎所有的部门也都向建筑业提供不同的材料、设备、生活资料、知识或各种服务。建筑业的发展带动了相关产业的发展和繁荣，促进了建材工业、冶金工业、木材及木材加工业、有色金属制造业、化工、轻工、电子、森工、运输等 50 多个相关产业的发展。

5. 建筑业创汇能力逐年增强，潜力巨大。随着我国建筑经济的发展以及改革开放的不断深入，我国在国际建筑承包市场中也具有很大的潜力。通过走向国际承包市场，既能发展经济、扩大影响，又可以带动资本、技术、劳务、设备及商品输出创收外汇。建筑业对外承包和劳务合作有一定的实力，入选全球最大 225 家国际承包商的中国公司逐步增加，因此，国家将建筑业作为国民经济重要支柱产业之一，加以引导、扶持。

6.建筑业对国民经济发展有一定的调节作用。由于建筑业在国民经济中的特殊地位，在市场经济条件下，它最能灵敏地反映国民经济的繁荣和萧条。当国民经济各个行业处于繁荣期时，全社会对固定资产和住宅消费的需求增加，建筑业同样处于兴旺时期；当国民经济处于萧条期时，建筑业的任务来源减少，从而处于衰落时期。建筑业对整个国民经济可产生很大的相关效应，因而当国民经济处于萧条期时，可以通过扩大国家对公共事业的投资，如市政工程、高速公路等，使建筑业不要衰落下去，这样也就刺激了与建筑业密切相关的行业的发展，从而引起对其他行业需求的螺旋式增长。反之，当国民经济出现过热现象时，国家可通过减小公共投资规模，取消对住宅消费的优惠政策等措施，抑制建筑业的发展，从而也就抑制了其他行业的发展，使国民经济走上稳定发展的轨道。我国实行的是社会主义市场经济，建筑业对国民经济的这种调节作用是通过扩大或压缩固定资产投资规模来实现的。

（7）建筑业可以吸收大量的消费资金。当人民生活水平提高到一定程度时，社会消费资金会有较大幅度的增加。把社会消费资金（包括储蓄）吸引到住宅消费上来是一个两全齐美的办法。这样一方面为社会消费资金提供了良好的出路；另一方面也为建筑业提供了大量的生产资金，从而达到引导消费、调整消费结构、促进生产的效果。

总之，建筑业的发展是中国特色社会主义市场经济发展的必然要求；是完善我国建筑业产业结构的必然要求；是规范我国建筑业市场秩序，促进我国建筑业良性发展的必然要求；是缓解城镇就业压力、分流农村富余劳动力，实现社会和谐发展的必然要求。因此，国家有关部门在保持国有建筑经济的控制力的同时，应积极规范市场秩序，完善相关政策、法规，鼓励、引导建筑经济的发展。同时，对其发展要按照市场经济及建筑业的发展规律制订长远规划，实行总量控制，不能一哄而上、无序进行。

（四）建筑业和固定资产投资

1.建筑业和固定资产投资联系密切。固定资产投资是建造和购置固定资产的经济活动，投资额是以货币表现的工作量，它是反映固定资产投资规模、速度、比例关系和使用方向的综合性指标，其实质是指国民经济各部门固定资产再生产的投资活动；固定资产投资活动包括项目立项、可行性研究、筹措资金、购置土地、组织设计、购置设备、施工发包、安装调试、竣工验收、试运行等多个环节。固定资产投资为建筑业提供市场，固定资产投资多数都要依靠建筑业完成。

2. 建筑业和固定资产投资区别明显。详见表 1–1[1]。

表 1-1 建筑业和固定资产投资的区别

区别	建筑业	固定资产投资
活动的性质不同	物质生产活动，创造新的价值	非生产性的投资管理活动，通过建筑业的活动实现固定资产的再生产
任务不同	为社会提供更多更好的建筑产品，满足人们日益增长的物质和文化需要，并取得盈利	合理分配和使用资金，选择最佳投资方案，实现固定资产的再生产
在市场经济中的角色不同	建筑产品的生产者和经营者	投资者，建筑产品的使用者、购买者

（五）建筑业与房地产业

1. 建筑业与房地产业之间的联系。房地产业是指从事房地产开发、经营、管理和服务的行业。房地产业为建筑业提供市场，建筑业完成房地产业的投资活动。

2. 建筑业与房地产业之间的区别，详见表 1–2[2]。

表 1-2 建筑业与房地产业的区别

区别	建筑业	房地产业
性质不同	是国民经济的一个重要物质生产部门，主要任务是生产和销售建筑产品，属于第二产业	是国民经济流通领域的一个部门，主要任务是开发房地产、经营房地产商品，属于第三产业
活动目的不同	为社会生产更多更好的建筑产品，满足国民经济各部门对固定资产再生产的需求和人们对房屋建筑的需要并取得盈利	通过房地产投资，开发经营房地产商品，在满足社会对房地产商品需求的同时获得盈利
在市场经济中的角色不同	在房地产投资形成的建筑市场交易中，是建筑产品的生产者和销售者	在房地产投资形成的建筑市场交易中，是建筑产品的投资者、购买者；在房地产市场交易中与建筑业无关，而是开发商和房屋的最终用户进行的商品交易

（六）建筑业的发展趋势

建筑业是国民经济的重要物质生产部门，它与整个国家经济的发展、人民生活的改善有着密切的关系。改革开放 40 年以来，我国建筑业呈现出全新的面貌，行业取得了全方位的进步。1978 年以来，建筑市场规模不断扩大，固定资产投资规模仍在高速增长，建筑业增加值占国内生产总值的比重从 3.8% 增加到了 7.0%，成为拉动国民经济快速增长的重要力量。

未来，中国城市化率将提高到 76% 以上，城市对整个国民经济的贡献率将达到 95%

---

1 姜慧，陈晓红.建筑工程经济 [M].武汉：武汉理工大学出版社，2014.
2 姜慧，陈晓红.建筑工程经济 [M].武汉：武汉理工大学出版社，2014.

以上。都市圈、城市群、城市带和中心城市的发展预示了中国城市化进程的高速起飞，也预示了建筑业更广阔的市场即将到来。2013年至2020年，中国建筑业总产值将增长130%。建筑行业的高速发展也带动了相关产业的发展，大幅提高了我国的综合国力和人民的生活水平，为全面建成小康社会提供了广阔的空间。

第二节 建筑工程经济分析的原则

一、技术可行基础上的选择替代方案原则

工程经济学的研究内容是在技术上可行的条件已确定后，也就是在技术可行性研究的基础上进行经济合理性的研究与论证工作。工程经济学不包括应由工程技术学解决的技术可行性的分析论证内容，它为技术可行性提供经济依据，并为改进技术方案提供符合社会采纳条件的改进方案。

无论在何种情况下，为了解决技术经济问题，都必须进行方案比较，而方案比较必须要有能解决统一问题的"替代方案"。所谓替代方案就是方案选择时，用于比较或相互进行经济比较的一个或若干个方案。由于替代方案在方案比较中占有重要地位，因此，在选择和确定替代方案时应遵循"无疑、可行、准确、完整"的原则。无疑就是对实际上可能存在的替代方案都要加以考虑；可行就是只考虑技术上可行的替代方案；准确就是从实际情况出发选好选准替代方案；完整就是指方案之间的比较必须是完整的比较，不是只比较方案的某个部分。

二、技术与经济相结合原则

工程经济学是研究技术和经济相互关系的学科，其目的是根据社会生产的实际以及技术与经济的发展水平，研究、探求和寻找使技术与经济相互促进，协调发展的途径。所以，在讨论、评价工程项目或技术方案时，应当遵循技术与经济相结合的原则。

技术是经济发展的重要手段，技术进步是推动经济前进的强大动力，人类几千年的文明史证明了这一点。同时，技术也是在一定的经济条件下产生和发展的，技术的进步要受经济情况和条件的制约，经济上的需求是推动技术发展的动力。技术与经济这种相互依赖、相互促进、相辅相成的关系，构成了考虑与评价技术方案的原则之一，而经济

效益评价又是决定方案取舍的重要依据，在评价方案的技术问题时，既要考虑方案技术的宏观影响，使技术对国民经济和社会经济发展起到促进作用，又应考虑到方案技术的微观影响，使得采用的技术能有效地结合本部门、本单位的具体实际，发挥出该项技术的最大潜能，创造出该技术的最大价值，同时，又要注意避免盲目追求所谓的"最先进的技术"。

因此，在应用工程经济学的理论评价工程项目或技术方案时，既要评价其技术能力、技术意义，又要评价其经济特性、经济价值，将二者结合起来，寻找符合国家政策、符合产业发展方向且又能给企业带来发展的项目或方案，使之最大限度地创造效益，促进技术进步及资源开发、环境保护等工作的共同发展。

三、工程经济的可比性原则

工程经济学研究的核心内容就是寻求项目或技术方案的最佳经济效果。因此，在分析中，既要对某方案的各项指标进行研究，以确定其经济效益的大小，也要把该方案与其他方案进行比较评价，以便从所有的方案中找出具有最佳经济效果的方案，这便是方案比较。方案比较是工程经济学中十分重要的内容，可比性原则是进行工程经济分析时所应遵循的重要原则之一。方案比较可从以下方面进行：

（一）使用价值的可比

任何一个项目或方案实施的主要目的都是满足一定的社会需求，不同项目或方案在满足相同的社会需求的前提下也能进行比较。

1.产品品种可比。产品品种是指企业在计划期内应生产的产品品种的名称、规格和数目，反映企业在计划期内在品种方面满足社会需要的情况。

2.产量可比。这里的产量是指项目或技术方案满足社会需要的产品的数量。

3.质量可比。质量不同，满足程度也将不同，所以要求参加比较的方案必须在质量上可比。所谓质量可比是指不同项目或技术方案的产品质量相同时，直接比较各项相关指标；质量不同时，则需经过修正计算后才能比较。例如，日光灯和白炽灯两种灯具方案，不能用数量互相比较，而应在相同的照明度下进行比较。

（二）相关费用的可比

相关费用的可比是指在计算和比较费用指标时，不仅要计算和比较方案本身的各种费用，还应考虑相关费用，并且应采用统一的计算原则和方法来计算各种费用。

1. 方案的消耗费用必须从社会全部消耗的角度，运用综合的系统的观点和方法来计算。根据这一要求，技术方案的消耗费用计算范围不仅包括实现技术方案本身直接消耗的费用，而且应包括与实现方案密切相关的纵向和横向的相关费用。例如，修建一座混凝土搅拌站的目的是向用户提供混凝土，其消耗费用不仅要计算搅拌站本身的建设和生产费用，还要计算与之纵向相关的原材料的采购运输费用和成品送至用户的运输等项目的费用。再例如，居住小区建设，除主要工程（住宅）的耗费外，还要计算配套工程等的耗费，故在进行小区建设方案比较时，应将各方案在主要工程的耗费和配套工程的耗费合并计算。

2. 方案的劳动费用，必须包括整个寿命周期内的全部费用。也就是说，既要计算实现方案的一次性投资费用，又要计算方案实现后的经营或使用费用。

3. 计算方案的消耗费用时，还应统一规定费用结构和计算范围，如规定估算基本建设投资时包括对固定资产和流动资金的估算；采用统一的计算方法，即指各项费用的计算方法、口径应一致，如对投资和生产成本的估算方法应采用相同数学公式；费用的计算基础数据要一致，就是指各项费用所采用的费率和价格应一致。因此，要求方案在价格上有可比性。

（三）时间的可比

对于投资、成本、产品质量、产量相同条件下的两个项目或技术方案，其投入时间不同，经济效益明显也不同。一是经济寿命不同的技术方案进行比较时，应采用相同的计算期作为基础；二是技术方案在不同时期内发生的效益与费用，不能直接相加，必须考虑时间因素。技术方案的经济效果除了数量概念外，还有时间概念。时间上的可比就是要采用相同的计算期，考虑资金时间价值的影响等。

（四）价格的可比

每一个项目或技术方案都有产出，同时消耗物化劳动，既有产出也有收入。要描述项目或方案产出和投入的大小，以便与其他的项目或技术方案进行比较，就要考虑价格因素。价格的可比性是分析比较项目或技术方案经济效益的一个重要原则。

要使价格可比，项目或技术方案所采用的价格指标体系应该相同，这是价格可比的基础。对于每一个项目或技术方案，无论是消耗品还是产品，均应按其相应的品目价格计算投入或产出。

四、定性与定量分析相结合原则

定性分析与定量分析是对项目或方案进行经济效益分析评价的两种方法。所谓定性分析是指评价人员依据国家的法律法规、国家产业发展布局及发展方向，针对该项目对国家发展所起作用和该项目发展趋势等进行评价。

定性分析是一种在占有一定资料、掌握相应政策的基础上，根据决策人员的经验、直觉、学识、逻辑推理能力等以主观判断为基础进行评价的方法。评价尺度往往是给项目打分或确定指数。这是从总体上进行的一种笼统的评价方法，属于经验型决策。

定量分析则是以项目各方面的计算结果为依据进行评价的方法。它以对项目进行的客观、具体的分析而得出的各项经济效益指标为尺度，通过对"成果"与"消耗""产出"与"投入"等的分析，对项目进行评价。定量分析以科学为依据，不仅使各种评价更加精确，减少了分析中的直觉成分，使得分析评价更加科学化，还可以在定量分析中发现研究对象的实质和规律，尤其是对评价中不易掌握的一些不确定因素和风险因素，均用可以量化的指标对其做出判断，以利于决策。定量分析因其评价具体、客观、针对性强、可信程度高，在实际工作中被普遍应用，既可用于事前评价，也可用于事中评价和事后评价，是进行经济效益评价的重要方法。

因此，在实际分析评价中，应善于将定性分析与定量分析方法结合起来，发挥各自在分析上的优势互相补充，使分析结果科学、准确，使决策人员对项目总体上有一个比较全面的了解。

五、财务评价与国民经济评价相结合原则

工程项目财务评价是根据国家现行财税制度和价格体系，从工程项目的角度出发，根据已知及预测的财务数据，分析计算工程项目的财务效益和费用，编制有关报表，计算评价指标，考察工程项目的盈利能力和清偿能力等财务状况，据以判别工程项目的财务可行性。国民经济评价就是从整个国家或社会利益的角度出发，运用影子价格、影子汇率、影子工资和社会折现率等经济参数，对项目的社会经济效果所进行的评价，从社会经济的角度来考察项目的可行性。

一般情况下，项目对整个国民经济的影响不仅仅表现在项目自身的财务效果上，还可能会对国民经济其他部门和单位或是对国家资源、环境等造成很大影响，必须通过项目的国民经济评价来具体考核项目的整体经济效果，特别是对涉及资源、环境保护、进出口等因素的投资项目进行工程经济分析时，必须将项目的财务评价与国民经济评价结

合起来考虑。既要符合国家发展的需要，使资源合理配置并充分发挥效能；又要尽量使项目能够有较好的经济效益，具有相应的财务生存能力，为今后的进一步发展打下良好的基础。

六、社会主义制度下经济效果的评价原则

所谓的经济效果就是技术方案实现后所取得的劳动成果（产出）与所消耗的劳动（投入）之间的比较。这里的劳动成果，是指满足社会需要的劳务和产品。消耗的劳动包括劳动和其他有用物品的消耗。这里强调经济效益的含义。经济效益，可以理解为有益的经济效果，也就是在实际上取得属于经济方面的效益。在项目的经济评价中，所有的经济指标应以经济效益为重点，但项目方案往往是在项目未实现之前进行评价，即事前评价，此时，项目的经济效果一般可以与经济效益通用。社会主义制度下经济效果的评价原则，主要体现在以下方面：

1. 坚持社会主义生产的目的，以最小的劳动消耗满足社会需求。

2. 局部经济效果服从整体经济效果。

3. 当前经济效果与长远经济效果相协调。

4. 经济效果与其他社会效果相一致。

第三节　建筑工程经济分析的基本要素

一、投资要素

（一）投资构成

根据工程项目建设与经营的要求，投资者要形成一定的生产能力，所需要的项目总投资应包括三个部分，即建设投资、建设期利息和流动资金。

1. 建设投资

建设投资是指项目按给定的建设规模、产品方案和工程技术方案进行建设所需要的费用。它是项目费用的重要组成部分，也是项目财务分析的基础数据。建设投资可按形成资产法或概算法进行分类。按形成资产法分类，建设投资由固定资产费用、无形资产费用、其他资产费用和预备费用四个部分组成。

（1）固定资产费用。固定资产是指使用年限在 1 年以上，单位价值在一定限额以上，在使用过程中始终保持原有物质形态的资产。固定资产主要包括房屋、建筑物、机械、运输设备和其他与生产经营有关的设备、器具、工具等。不属于生产经营主要设备的物品，单位价值在 2000 元以上，使用年限超过 2 年的也作为固定资产。在不同的分析时期，固定资产具有以下不同的价值：

第一，固定资产原值：项目建成投产时核定的固定资产值，其大小等于购入或自创固定资产时所发生的全部费用。

第二，固定资产净值：固定资产使用一段时间后所具有的价值，其大小等于固定资产原值扣除累计的折旧费。

第三，固定资产重估值：在许多情况下，由于各种原因，固定资产净值往往不能反映当时固定资产的真实价值，需要根据社会再生产条件和市场情况对固定资产重新估价，估得的价值即为固定资产重估值。

第四，固定资产残值：项目寿命期结束时，固定资产的残余价值（一般指当时市场上可以实现的价值）。

固定资产费用是指项目投产时将直接形成固定资产的建设投资，包括工程费用和工程建设其他费用中按规定所形成的固定资产费用（又称为固定资产其他费用）。固定资产其他费用主要包括建设单位管理费、可行性研究费、研究试验费、勘察设计费、环境影响评价费、场地准备及临时设施费、引进技术和引进设备其他费、工程保险费、联合试运转费、特殊设备安全监督检验费和市政公用设施及绿化费等。固定资产费用所形成的资产就是固定资产原值。

（2）无形资产费用。无形资产是指具有一定价值或可以为所有者带来经济利益，能在比较长的时期内持续发挥作用且不具有独立实体的权利和经济资源。无形资产包括专利权、著作权、商标权、土地使用权、专有技术、商誉等。无形资产费用是指直接形成无形资产的建设投资，即形成专利权、非专利权技术、商标权、土地使用权和商誉等所需要的建设投资。

（3）其他资产费用。其他资产费用是指除货币资金、交易性金融资产、应收及预付款项、存货、长期投资、固定资产、无形资产以外的资产。其他资产费用主要包括开办费、长期待摊费用和其他长期资产。开办费指企业在筹建期间，除应计入有关财产物资价值以外所发生的各项费用，包括人员工资、办公费、培训费、差旅费、印刷费、注册登记费以及不计入固定资产价值的借款费用等。长期待摊费用指摊销期在一年以上的已付费用，如经营性租入固定资产的改良支出和固定资产大修理支出等。其他长期资产一般包括国家批准储备的特种物资、银行冻结存款以及临时设施和涉及诉讼中的财产等。

（4）预备费用。预备费用是为了工程建设实施阶段可能发生的风险因素导致的建设费用的增加而预备的费用。预备费用包括涨价预备费和基本预备费两大类。

1）涨价预备费。涨价预备费是指建设期间由于利率、汇率或价格等因素的变化而预留的可能增加的费用。其内容包括：人工、设备、材料、施工机械的价差费，建筑安装工程费及工程建设其他费用调整，利率、汇率调整等增加的费用。涨价预备费的计算方法，一般是根据国家规定的投资综合价格指数，以估算年份价格水平的投资额为基数，采用复利法计算。计算公式为：

$$P = \sum_{t=1}^{n} I_t \left[(1+f)^m (1+f)^{0.5} (1+f)^{t-1} - 1 \right] \qquad (1-1)$$

式中：P——涨价预备费；

n——建设期年份数；

I_t——估算静态投资额中第 t 年投入的工程费用；

f——年涨价率，政府部门有规定的按规定执行，没有规定的由可行性研究人员预测；

m——建设前期年限（从编制透支估算到开工建设）。

2）基本预备费。基本预备费主要是为解决在施工过程中，经上级批准的设计变更和国家政策性调整所增加的投资以及为解决意外事故而采取措施所增加的工程项目费用，又称工程建设不可预见费。主要指设计变更及施工过程中可能增加工程量的费用，具体包括以下方面：

第一，在进行设计和施工过程中，在批准的初步设计范围内，必须增加的工程和按规定需要增加的费用（含相应增加的价差及税金）。

第二，在建设过程中，工程遭受一般自然灾害所造成的损失和为预防自然灾害所采取措施发生的费用。

第三，在上级主管部门组织施工验收时，验收委员会（或小组）为鉴定工程质量，必须开挖和修复隐蔽工程的费用。

第四，由于设计变更所引起的废弃工程发生的费用，但不包括施工质量不符合设计要求而造成的返工费用和废弃工程发生的费用。

第五，征地、拆迁的价差。基本预备费按工程费用（即建筑工程费、设备及工器具购置费和安装工程费之和）和工程建设其他费用两者之和乘以基本预备费的费率计算。

基本预备费 =（工程费用 + 工程建设其他费用）× 基本预备费费率　　　　（1-2）

按概算法分类，建设投资的构成如图 1-1[1] 所示。

1　姜慧，陈晓红.建筑工程经济 [M].武汉：武汉理工大学出版社，2014.

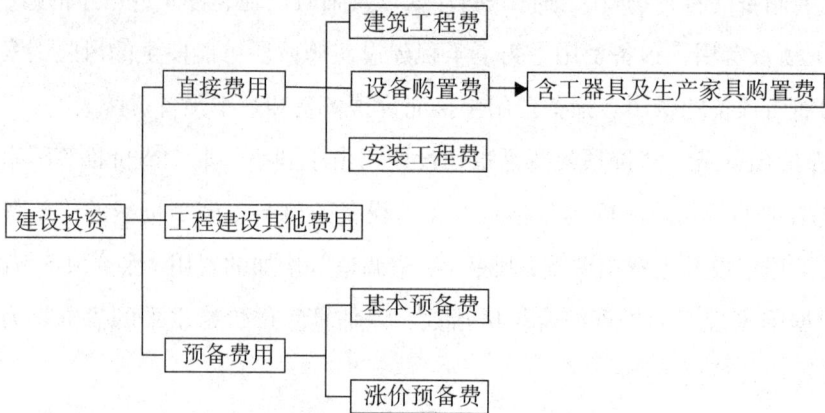

图 1-1 按概算法分类的建设投资的构成

2. 建设期利息

建设期利息又称为建设期资本化利息，是指项目在建设期内因使用外部资金（如银行贷款、企业债券、项目债券等）而支付的利息。建设期利息应计入固定资产原值。

为了便于分析和计算，通常假定借款均在每年的年终支用，当年使用的建设资金借款按半年计息，其余各年份（上一年年末或本年年初借款累计）按全年计息。

当采用自有资金计息时，按单利计算，即：

$$各年应计利息 = （年初借款本金累计 + 本年借款额 /2）× 名义年利率 \qquad （1-3）$$

当采用复利方式计息时：

$$各年应计利息 = （年初借款本金累计 + 本年借款额 /2）× 实际年利率 \qquad （1-4）$$

3. 流动资金

广义的流动资金是指企业全部的流动资产，包括现金、存货（材料、在制品、产成品）、应收账款、有价证券、预付款等项目。以上项目皆属业务经营所必需，故流动资金有一通俗名称，称为营业周转资金。

狭义的流动资金是指流动资产减去流动负债的差额，即所谓的净流动资金。净流动资金的多寡代表企业的流动地位，净流动资金越多表示净流动资产越多，其短期偿债能力较强，因而其信用地位也较高，在资金市场中筹资较容易，成本也较低。

（1）流动资金的特点。流动资金的特点包括：①流动资金占用形态具有变动性；②流动资金占用数量具有波动性；③流动资金循环与生产经营周期具有一致性；④流动资金来源具有灵活多样性。

（2）流动资金的构成。企业流动资金按其所处的领域分为生产领域的流动资金和流通领域的流动资金。前者又可分为储备资金与生产资金，后者又可分为货币资金与商品资金。流动资金在生产资金中占有很大比重，在纺织工业、机械工业、食品工业中要占 2/3 以上。节约流动资金对于降低物资消耗、降低产品成本、提高企业经济效益具有重要意义。

4. 流动资产

流动资产是指可以在 1 年内或者超过 1 年的一个营业周期内变现或者耗用的资产。流动资产通常包括现金（银行存款）、存货（原材料、半成品、产成品）和应收账款等。企业生产经营活动过程中流动资产的构成及循环过程如图 1-2 所示。

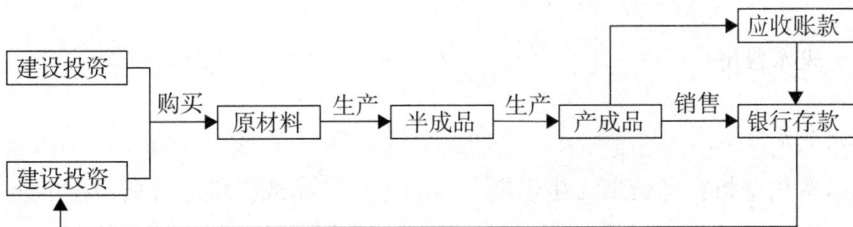

图 1-2 流动资产的构成及循环过程

流动资产与流动资金之间有以下关系式：

流动资金 = 流动资产 − 流动负债（应付账款）　　　　　　　　　　　（1-5）

流动资产和流动资金的主要区别是包括的范围不同。流动资金包括的范围广，它是流动资产的货币表现再加上金融资产，而流动资产包括物质性流动资产，不包括金融性资产（如库存现金、银行存款等）。

（1）在实物形态上，流动资产基本上体现为各部门以及居民的物资储备。

第一，处于生产和消费准备状态的流动资产：生产单位储备的生产资料和消费部门及居民储备的消费品。

第二，处于待售状态的流动资产：生产部门和流通部门库存、尚未出售的生产资料和消费品储备以及国家储藏的后备性物资。

第三，处于生产过程中的流动资产：生产单位的在制品、半成品储备。

（2）按照流动性大小可分为速动资产和非速动资产。

第一，速动资产：在很短时间内可以变现的流动资产，如货币资金、交易性金融资产和各种应收款项。

第二，非速动资产：包括存货、待摊费用、预付款、1 年内到期的非流动资产以及其他流动资产。

（二）投资形成资产

总投资形成的资产分为固定资产、无形资产、流动资产和其他资产。

根据资产保全原则，当一个工程项目建成投入运营时，项目总资产中的固定资产投资、建设期利息、流动资金形成固定资产、无形资产、流动资产和其他资产四部分。为简化计算，在工程经济分析实务中可把预备费用和建设期利息全部计入固定资产原值。

二、成本要素

（一）成本费用

1. 总成本费用

总成本费用是指在运营期（生产期）内为生产产品或提供服务所产生的全部费用。总成本费用的构成可以由生产成本期间费用法和生产要素法两种方法确定。

（1）生产成本期间费用法。按照生产成本期间费用法，总成本费用主要由生产成本和期间费用两大块构成。

1）生产成本。生产成本是指为生产产品和提供服务所发生的各种耗费，亦称制造成本。它主要包括各项直接支出和制造费用。

第一，各项直接支出主要包括直接材料费、直接燃料和动力费、直接工资和其他直接支出。直接材料费是指在生产服务过程中直接消耗于产品生产的各种物资的费用，包括实际消耗的原材料、辅助材料、备品配件、外购半成品、包装物以及其他直接材料。

直接燃料和动力费是指在生产产品过程中必须使用而外购的电和燃料（包括煤、柴油或汽油等）的费用。

直接工资是指在生产服务过程中直接从事产品生产人员的工资性消耗，包括生产和服务人员的工资、奖金、津贴、各类补贴等。

其他直接支出是指按照直接工资的一定百分比计算的直接从事产品生产的职工福利费。

第二，制造费用是指发生在生产单位的间接费用，是生产单位（车间、分厂）为组织和管理经营活动而产生的各项费用。包括生产单位管理人员的工资、职工福利费、生产单位固定资产折旧费、修理维护费、维检费及其他制造费用。

2）期间费用。期间费用是与特定的生产经营期密切相关，直接在当期得以补偿的费用。

期间费用包括管理费用、财务费用和营业费用。

第一，管理费用是指企业行政管理部门为管理和组织经营活动而发生的各项费用。包括由企业统一负担的管理人员工资和福利费、折旧费、修理费、无形资产、其他资产摊销费及其他管理费用。

第二，财务费用是指为筹集资金而发生的各种费用，包括生产经营期间发生的利息净支出及其他财务费用（外币汇兑损益、外汇调剂手续费、支付给金融机构的手续费等）。

第三，营业费用是指在销售产品过程中发生的费用以及专设销售机构的各项费用，包括为销售产品和服务所发生的运输费、包装费、保险费、展览费和广告费，以及专设销售机构人员的工资及福利费、类似工资性质的费用、业务费等。

（2）生产要素法。按照生产要素的构成，总成本费用主要包括外购原材料费、燃料和动力费，工资及福利费，折旧费，摊销费，修理费，财务费用（利息支出）和其他费用。

第一，外购原材料、燃料和动力费。外购原材料、燃料和动力费是指在生产过程中外购的部分。

第二，工资及福利费。工资及福利费是指企业为获得职工提供的服务而给予的各种形式的报酬，通常包括职工工资、奖金、津贴和补贴以及职工福利费。

第三，折旧费、摊销费。①折旧费是指固定资产在使用过程中由于逐步磨损而转移到产品中的那部分价值。固定资产的折旧费从销售收入中按月提存。②摊销费是指无形资产和其他资产的原始价值在规定的年限内，按年或产量转移到产品成本中的部分。企业通过计提摊销费，回收无形资产和其他资产投资。

第四，修理费。修理费是指为保证固定资产的正常运转和使用，在不改变设备设施原有性能前提下进行部件更换、修复所发生的费用。按修理范围的大小和修理时间间隔的长短可以分为大修理和中小修理。

第五，财务费用（利息支出）。按照会计法规，企业为筹集所需资金而发生的费用称为借款费用，又称为财务费用，包括利息支出、汇兑亏损以及相关的手续费等。

第六，其他费用。其他费用包括其他制造费用、其他管理费用和其他营业费用。①其他制造费用是指从制造费用中扣除生产单位管理人员工资及福利费、折旧费、修理费后的其余部分。在项目评价中常用的估算方法是按固定资产原值（扣除建设期利息）的百分数估算或者按人员定额估算。②其他管理费用是指从管理费用中扣除工资及福利费、折旧费、摊销费、修理费后的其余部分。在项目评价中常用的估算方法是按照人员定额或工资及福利费总额的倍数估算。③其他经营费用是指从营业费用中扣除工资及福利费、折旧费、修理费后的其余部分。在项目评价中常用的估算方法是按照营业收入的百分数估算。

2. 经营的成本

经营成本是建筑工程经济中分析现金流量时所使用的特定概念。作为项目运行期的主要现金流出，其构成为：

经营成本 = 外购原材料、燃料和动力费 + 工资及福利费 + 其他费用 　　　　（1-6）

经营成本涉及项目生产及销售企业管理过程中的物料、人力和能源的投入费用，能够在一定程度上反映企业的生产和管理水平。同类企业的经营成本具有可比性。经营成本与总成本的关系为：

经营成本 = 总成本费用 –（折旧费 + 摊销费 + 利息支出） 　　　　（1-7）

3. 固定成本与可变成本

按照各种费用与产品或服务数量的关系，可以把总成本费用分为固定成本和可变成本两部分。

固定成本是指在一定生产规模限度内，不随产品或服务的数量增减而变化的费用，如折旧费、摊销费、修理费、工资及福利费（计件工资除外）和其他费用等。

可变成本指产品成本中随产品或服务数量的增减而成比例增减的费用。可变成本包括外购原材料费、燃料及动力费和计件工资。

（二）折旧

折旧是资本化成本在其有效年限内的分配。政府允许公司保留这一未来替换资金，而对其不征税。折旧普遍用于耐用设备，也用于其他资产。一般来讲，如果一项资产可以满足以下特点就可以计提折旧：必须在经营或生产过程中使用；寿命期长于 1 年；由于自然原因而磨损、损耗、废弃或者贬值。这些特点是设备的显著特点，也适用于建筑、专利权和著作权。

固定资产折旧费既不是现金流出，也不是现金流入，而是非现金费用，但因税法允许其冲减应税收入，在技术方案有盈利的情况下，会减少应纳税所得额，即折旧费将以减少纳税的方式间接影响技术方案的现金流量。因此，在分析和计算技术方案现金流量时，必须对折旧费进行计算。

固定资产折旧法，指将应计提折旧总额在固定资产各使用期间进行分配时所采用的具体计算方法。目前我国常用的折旧方法分为两大类：第一类是直线折旧法；第二类是加速折旧法。

1. 直线折旧法

（1）平均年限法。平均年限法是把应计提折旧的固定资产价值按其使用年限平均分摊的一种方法。这种方法属于直线折旧法。其计算公式为：

$$f = \frac{1-S}{T} \times 100\%$$ （1-8）

式中：f——年折旧率；

S——预计净残值率（一般取原值的 3% ~ 5%）；

T——折旧年限。

$$D = K_0 f$$ （1-9）

式中：D——年折旧额；

K_0——固定资产原值。

平均年限法计算简单，因此被广泛应用。但它不能准确反映固定资产实际损耗情况，不利于投资的尽快回收，在出现新设备而使原设备提前淘汰时，可能由于未提足折旧而承担经济损失。

（2）单位产量法。对于某些专业设备、大型设备以及运输车辆等，可按产量、工作时间或行驶里程计提折旧。这种方法也属于直线折旧法。折旧额计算如下：

$$折旧额 = \frac{u}{U}(K_0 - K_L)$$ （1-10）

式中：u——给定年份生产的产量；

U——产量总数；

K_0——设备原值；

K_L——残值。

2. 加速折旧法

加速折旧法是依据边际效用递减规律，即固定资产的效用随着使用寿命的缩短而逐渐降低，在折旧时初期计提折旧较多而后期计提折旧较少，从而相对加速折旧的方法。具体包括年数总和法、双倍余额递减法等。

（1）年数总和法。这是以固定资产剩余使用年数与使用年数总和之比计算的折旧率，再乘以应计折旧的固定资产价值来求得各年折旧额。因为折旧率逐年递减，故折旧额逐年减少。其计算公式为：

$$f_t = \frac{T-(t-1)}{\frac{1}{2}T(T+1)} \times 100\%$$ （1-11）

式中：f_t——第 t 年折旧率；

T——折旧年限。

公式（1-11）中的 $T-(t-1)$ 为设备的折旧年限与已使用年限的差额；$\frac{1}{2}T(T+1)$ 为设备使用年限的年数总和。

因此，公式（1-12）可表述为：

年折旧额 =（折旧年限 – 已使用年限）× 年序号之和 ×100%　　　　　（1-12）

（2）双倍余额递减法。是指用直线折旧率的两倍乘以固定资产期初净值来计算折旧费的方法。这里的直线折旧率不考虑残值，即双倍余额递减折旧率为 $l=2/T$。为把固定资产原值与预计净残值的差额分摊完，这种方法计算到一定年度后，要改用直线折旧法。当下式成立时，即从该年起改为直线折旧法。计算公式为：

年折旧率 =2/ 折旧年限 ×100%　　　　　（1-13）

年折旧额 = 固定资产年末净值 × 年折旧率　　　　　（1-14）

我国财务制度规定，用双倍余额递减法计算折旧到最后两年要改为直线折旧法。

（三）其他有关成本

1. 机会成本

机会成本又称为经济成本或择一成本，它是指利用一定资源获得某种收益时放弃其他可能的最大收益。或者说，在面临多方案择一决策时，被舍弃的选项中的最高价值者是本次决策的机会成本；也指厂商把相同的生产要素投入到其他行业当中去可以获得的最高收益；还包括生产要素用于某一特定用途而放弃其他用途所付出的代价。机会成本不是实际发生的成本，而是技术方案决策时观念上的成本。

利用机会成本概念进行经济分析的前提条件，包括：①资源是稀缺的；②资源具有多种用途；③资源已经得到充分利用；④资源可以自由流动。

2. 沉没成本

沉没成本是指由于过去的决策已经发生了的，而不能由现在或将来的任何决策改变的成本。把这些已经发生不可收回的支出，如时间、金钱、精力等称为"沉没成本"。

沉没成本是一种历史成本，对现有决策而言是不可控成本，不会影响当前行为或未来决策。从这个意义上说，在投资决策时应排除沉没成本的干扰。

对企业来说，沉没成本是企业在以前经营活动中已经支付，而经营期间摊入成本费用的支出。因此，固定资产、无形资产、递延资产等均属于企业的沉没成本。

三、营业收入与税费要素

（一）营业收入

营业收入是指销售产品或提供服务所获得的收入，它是财务分析的重要数据，也是现金流量表中主要的现金流入量。营业收入的大小主要与产品或服务的销售量和价格有关，即：

$$营业收入 = 产品或服务的销售量 \times 价格 \tag{1-15}$$

（二）税费

1. 营业税金及其附加

税收是国家为实现其职能，凭借政权的力量，按照法定的标准和程序，无偿地、强制地取得财政收入而发生的一种分配关系。税收不仅是国家取得财政收入的主要渠道，也是国家对各项经济活动进行宏观调控的重要杠杆。税收对国家而言，是一种收入；对纳税人而言，则是一项支出。在建筑工程经济分析中，只有正确计量项目的各项税费，才能科学准确地进行评价。

（1）增值税。增值税是对在我国境内销售或提供加工、修理修配劳务，以及进口货物的单位和个人，就其取得货物的销售额、进口货物金额、应税劳务销售额计算税款，并实施税额抵扣制的一种流转税。增值税实行价外计税。

1）增值税的计税方法。一般纳税人的应纳税额为当期销项税额抵扣当期进项税额后的余额。其计算公式为：

$$应纳税额 = 当期销项税额 - 当期进项税额 \tag{1-16}$$

第一，销项税额。销项税额是指纳税人销售货物或者提供应税劳务，按照销售额和增值税率计算并向买方收取的增值税额。销项税额的计算公式为：

$$销项税额 = 销售额 \times 税率 \tag{1-17}$$

第二，进项税额。进项税额是指纳税人购进货物或接受应税劳务所支付或负担的增值税额。进项税额是由销售方向购买方在销售价格以外收取的税费。另外，增值税也可以按照增值额的大小进行计算，即：

$$增值税 = 增值额 \times 税率 \tag{1-18}$$

式中，增值额是指纳税人从事应税货物生产经营或提供劳务而新增加的价值额。

2）增值税税率。我国现行增值税税率实行两档比例税率，为 17% 的标准税率和 13% 的低税率。另外，作为特殊情况，对出口货物实行零税率。

纳税人销售或进口货物，提供加工、修理修配劳务，大多数适用 17% 的标准税率；

纳税人销售或进口粮食、煤气、自来水、书刊、农机、农药等，适用 13% 的低税率；纳税人出口货物，一般适用零税率。目前，国家正在对增值税实行改革试点，其主要税制安排为：在现行增值税 17% 标准税率和 13% 低税率基础上，新增 11% 和 6% 两档低税率。租赁有形动产等适用 17% 的税率，交通运输业、建筑业等适用 11% 的税率，其他部分现代服务业适用 6% 的税率。

（2）营业税。营业税是对在我国境内提供应税劳务、转让无形资产或销售不动产的单位和个人，就其取得的营业额为课税依据征收的一种流转税。

1）营业税征收范围。营业税的征收范围包括：交通运输业、建筑业、金融保险业、邮电通信业、文化体育业、娱乐业、服务业七大行业的劳务提供；转让无形资产，如土地使用权、商标权、专利权等；销售不动产。

2）营业税的计税方法。营业税应纳税额的计算公式为：

$$应纳税额 = 营业额 \times 适用税率 \tag{1-19}$$

纳税人的营业额未达到财政部规定的起征点的，免缴营业税。现行规定为：按期纳税的，起征点为月销售额 5000 ~ 20 000 元；按次纳税的，起征点为每次（日）销售额 300 ~ 500 元。

3）营业税的税率。营业税的税率按不同行业分为以下方面：

第一，交通运输业（陆路运输、水路运输、航空运输、管道运输、装卸搬运）为 3%。

第二，建筑业（建筑、安装、修缮、装饰及其他工程作业）为 3%。

第三，金融保险业为 5%。

第四，邮电通信业为 3%。

第五，文化体育业为 3%。

第六，娱乐业（歌厅、舞厅、卡拉 OK 歌舞厅、音乐茶座、台球、高尔夫球、保龄球、游艺）为 5% ~ 20%。

第七，服务业（代理业、旅店业、饮食业、旅游业、仓储业、租赁业、广告业及其他服务业）为 5%。

第八，转让无形资产（如土地使用权、专利权、非专利技术、商标权、著作权、商誉）为 5%。

第九，销售不动产（如建筑物及其他土地附着物）为 5%。

第十，对公益性强、收入水平低而需要国家扶持的项目（如学校及其他教育机构提供的劳务），医院及其他医疗机构提供的医疗服务，纪念馆、博物馆、美术馆、图书馆、文物保护单位举办文化活动所售门票收入等，免征营业税。

（3）消费税。消费税以税法规定的特定产品为征税对象，即国家可以根据宏观产业政策和消费政策的要求，有目的、有重点地选择一些消费品征收消费税，以适当地限制某些特殊消费品的消费需求。在我国，消费税是价内税，是价格的组成部分。

1）消费税的征收范围。消费税是在对货物普遍征收增值税的基础上，选择少数消费品再进行征收的一个税种，主要是为了调节产品结构，引导消费方向，保证国家财政收入。根据相关的税法，消费税的征收范围包括以下五种类型的产品：

第一，一些过度消费会对人类健康、社会秩序、生态环境等方面造成危害的特殊消费品，如烟、酒、鞭炮、焰火等。

第二，奢侈品、非生活必需品，如贵重首饰、化妆品等。

第三，高耗能及高档消费品，如小轿车、摩托车等。

第四，不可再生和替代的石油类消费品，如汽油、柴油等。

第五，具有一定财政意义的产品，如汽车轮胎等。

最新的税收改革中还调整新增了高尔夫球及球具、高档手表、游艇、木制一次性筷子、实木地板等税目，取消了护肤护发品税目，并对部分税目的税率进行了调整。

2）消费税的计税方法。消费税实行从价定率和从量定额两种计税方法。

从价定率计税是以应税消费品的销售额为计税依据，计算公式为：

$$应纳税额 = 应税消费品的销售额 \times 税率 \tag{1-20}$$

从量定额计税是以应税消费品的销售量为计税依据，计算公式为：

$$应纳税额 = 应税消费品的销售量 \times 单位税额 \tag{1-21}$$

3）消费税的税率。消费税的税率共设 14 大类，有三种形式：①比率税率：10 档，1% ~ 56%；②定额税率：只适用于啤酒、黄酒、成品油；③定额税率和比率税率相结合：只适用于卷烟、白酒。

（4）营业税金附加。营业税金附加主要包括教育费附加和城市维护建设税。

1）教育费附加。教育费附加是指为了加快地方教育事业的发展，扩大地方教育经费来源，而向缴纳增值税、营业税、消费税的单位及个人征收的教育经费。教育费附加按应缴纳的增值税、营业税、消费税税款的 3% 征收。教育费附加的计算公式为：

$$教育费附加 = （增值税 + 营业税 + 消费税） \times 税率 \tag{1-22}$$

2）城市维护建设税。城市维护建设税是一种地方附加税，是以增值税、营业税、消费税为计税依据征收的一种税。所有缴纳增值税、营业税、消费税的单位和个人均应缴纳城市维护建设税。城市维护建设税的计算公式为：

$$城市维护建设税 = （增值税 + 营业税 + 消费税） \times 税率 \tag{1-23}$$

城市维护建设税按纳税人所在地区实行差别税率。

项目所在地为市区的，税率为 7%；项目所在地为县城、镇的，税率为 5%；项目所在地为乡的税率为1%。

2. 资源税

资源税是对在我国境内开采原油、天然气、煤炭、黑色金属矿原矿、有色金属矿原矿及生产盐的单位和个人征收的一种税。征收资源税的目的在于调节因资源条件差异而形成的资源级差收入，促进国有资源的合理开采与利用，同时为国家创造一定的财政收入。资源税按照矿产的产量计征，即：

$$应纳税额 = 课税数量 \times 单位税额 \tag{1-24}$$

资源税实行差别税率。对资源条件和开采条件好、收入多的，多征税；对资源条件和开采条件差、收入少的，则少征税。

3. 所得税

所得税是以单位（法人）或个人（自然人）在一定时期内的纯所得（净收入）额为征税对象的一个税种。根据征收对象的不同，所得税分为企业所得税和个人所得税两种。

（1）企业所得税。企业所得税是对我国境内企业和其他取得收入的组织（以下统称企业），就其生产、经营所得和其他所得征收的一种税。

根据企业所得税法的规定，企业的应纳税所得额乘以适用税率，减除依照所得税法关于税收优惠规定的减免和抵免的税额后的余额，为应纳税额。由此可以得出企业应纳税额的计算公式为：

$$应纳税额 = 应纳税所得额 \times 税率 - 减免或抵免税额 = （收入总额 - 准予扣除的项目金额）\times 税率 - 减免或抵免税额 \tag{1-25}$$

应纳税所得额为企业每一纳税年度的收入总额，减除不征税收入、免税收入、各项扣除以及允许弥补的以前年度亏损后的余额。

收入总额是指企业以货币形式和非货币形式从各种来源取得的收入，主要包括：①销售货物收入；②提供劳务收入；③转让财产收入；④股息、红利等权益性投资收益；⑤利息收入；⑥租金收入；⑦特许权使用费收入；⑧接受捐赠收入；⑨其他收入。

收入总额中不征税的收入有：①财政拨款；②依法收取并纳入财政管理的行政事业性收费、政府性基金；③中华人民共和国国务院规定的其他不征税收入。

各项扣除是指企业实际发生的与取得的收入有关的、合理的支出，主要包括成本、费用、税金、损失和其他支出。另外，企业发生的公益性捐赠支出，在年度利润总额12%以内的部分，准予在计算应纳税所得额时扣除。企业按照规定计算的固定资产折旧、无形资产和其他资产的摊销费用，在计算应纳税所得额时准予扣除。

根据所得税法的有关规定，企业的下列所得，可以免征、减征企业所得税：①从事农、林、牧、渔业项目的所得；②从事国家重点扶持的公共基础设施项目投资经营的所得；

③从事符合条件的环境保护、节能节水项目的所得；④符合条件的技术转让所得。

此外，符合条件的小型微利企业，按 20% 的税率征收企业所得税；国家需要重点扶持的高新技术企业，按 15% 的税率征收企业所得税。

（2）个人所得税。

第一，个人所得税的征收范围。凡在中国境内有住所，或者无住所而在境内居住满一年的个人，从中国境内和境外取得的所得，均应缴纳个人所得税。

个人所得主要包括工资、薪金所得；个体工商户的生产、经营所得；对企事业单位的承包经营、承租经营所得；劳务报酬所得；稿酬所得；特许权使用费所得；利息、股息、红利所得；财产租赁所得；财产转让所得，偶然所得；经国务院财政部门确定征税的其他所得。

第二，个人所得税的税率。工资、薪金所得，适用超额累进税率，税率为 3% ~ 45%，2018 年 8 月 31 日，修改个人所得税法的决定通过，起征点为每月 5000 元，2018 年 10 月 1 日起实施最新起征点和税率。

四、利润要素

（一）利润分配原则

1. 依法分配原则。企业的收益分配必须依法进行。为了规范企业的收益分配行为，维护各利益相关者的合法权益，国家颁布了相关法规。

2. 分配与积累并重原则。企业通过经营活动赚取收益，既要保证企业简单再生产的持续进行，又要不断积累企业扩大再生产的财力基础。恰当处理分配与积累之间的关系，留存一部分净收益以供未来分配之需，能够增强企业抵抗风险的能力，同时，也可以提高企业经营的稳定性与安全性。

3. 兼顾各方利益原则。企业的收益分配必须兼顾各方面的利益。企业是经济社会的基本单元，企业的收益分配涉及国家、企业股东、债权人，职工等多方面的利益。

4. 投资与收益对等原则。企业进行收益分配应当体现"谁投资谁受益"、收益大小与投资比例相对等的原则。

（二）税后利润分配顺序

1. 弥补被没收财务损失，以及违反税法规定支付的滞纳金和罚款。

2. 弥补企业以前年度亏损。

3. 提取法定公积金，用于弥补亏损，按照国家规定转增资本金，等等。

4.提取公益金，主要用于企业职工福利设施支出。

5.向投资者分配利润，企业以前年度未分配的利润，可以并入本年度向投资者分配。法定盈余公积金的提取比例一般是当年净利润的10%。

五、工程经济活动要素

工程经济活动一般包括项目方案主体、项目方案目标、项目方案效果、项目方案环境等要素。

1.项目方案主体。项目方案主体是指提供项目方案资本、承担项目方案风险、享受项目方案收益的个人或组织。现代社会经济活动的主体可大致分为三大类：企业、政府及包括文、教、卫、体、科研等组织在内的事业单位或社会团体。

2.项目方案目标。人类一切工程经济活动都有明确的目标，都是为了直接或间接地满足人类自身的需要。不同项目方案主体目标的性质和数量等存在着明显的差异。例如，政府的目标一般是多目标系统，包括社会经济的可持续发展、就业水平的提高、法制的建立健全、社会安定、币值稳定、环境保护、经济结构的改善、收入分配公平等；企业的目标以利润为主，包括利润最大化、增加市场占有率、提高品牌效应等。

3.项目方案效果。工程经济项目方案的效果是指项目实施后对项目方案主体目标产生的影响。由于目标的多样性，通常一项工程经济活动会同时表现出多方面的效果，甚至各种效果之间还是冲突和对立的。例如，对一个经济欠发达地区进行开发和建设，如果只进行低水平的资源消耗类生产，就有可能在提高当地人民收入水平的同时，造成严重的环境污染和生态平衡的破坏。

4.项目方案环境。工程经济项目方案常常面临两个彼此相关又至关重要的环境：一个是自然环境；另一个是经济环境。自然环境提供工程经济活动的客观物质基础，经济环境显示工程经济活动成果的价值。工程经济活动要遵循自然环境中的各种规律，只有这样才能赋予物品或服务使用价值。但是，物品或服务的价值取决于它带给人们的效用，效用大小往往要用人们愿意为此付出的货币数量来衡量。技术系统的设计再精良，如果生产出的物品或提供的服务不能使消费者满意，或者成本太高，这样的工程经济活动的价值就会很低。

人类社会的一个基本任务，就是根据对客观世界运动变化规律的认识，对自身的活动进行有效的规划、组织、协调和控制，最大限度地提高工程经济活动的价值，降低或消除负面影响。而这也正是工程经济学的主要任务。

第二章 建筑工程经济评价理论与方法

第一节 资金的时间价值与等值计算

一、资金的时间价值

资金的时间价值就是指资金在运动过程中的增值或不同时间点上发生的等额资金在价值上的差别。

（一）时间价值中的现金流量

任何一项投资活动都离不开资金活动，而在资金活动中必然要涉及现金流量（cash flow）的问题。明确现金流量的概念、弄清现金流量的内容、正确估算现金流量是进行投资方案效益分析的前提，也是进行科学的投资决策的基础。

现金流量是一个综合概念，从内容上看它包括现金流入、现金流出和净现金流量三个部分，从形式上看它包括各种形式的现金交易，如货币资金的交易和非货币资金（货物、有价证券等）的交易。

为了便于说明现金流量的概念，可以把投资项目看作是一个系统，这个系统有一个寿命周期，即从项目发生第一笔资金开始一直到项目终结报废为止的整个时间称为项目的寿命期。但在不同的项目之间进行比较时，不一定都用项目的寿命周期进行比较，而是选用一个计算期来比较，因此，在考察投资项目系统的经济效益时，常常用到计算期。每个项目在其计算期内的各个时刻点都会有现金交易活动，或者是流进，或者是流出，这个现金流进、流出就称为现金流量。

具体地讲，现金流入（cash income）是指在项目的整个计算期内流入项目系统的资金，如销售收入、捐赠收入、补贴收入、期末固定资产回收收入和同收的流动资金等。现金流出（cash output）是指在项目的整个计算期内流出项目系统的资金，如企业投入的自有资金、上缴的销售税金及附加、借款本金和利息的偿还、上缴的罚款、购买原材料设备等的支出、支付工人的工资等都属于现金流出。净现金流量（net cash flow）是指在项目的整个计算期内每个时刻的现金流入与现金流出之差。当现金流入大于现金流出时，净现金流量为正，反之为负。

从以上关于现金流量概念的分析中，不难看出，现金流量的计算不仅有本身的计量单位，还有一个时间单位。一般情况下，现金流量本身的计量单位为"元""万元""美元"等。但时间单位就需要根据利息的计算时间单位来确定了。如果利息的计算时间单位为一年，那么现金流量计算的时间单位也为一年；如果利息的计算时间单位为一个月，那么现金流量计算的时间单位也为一个月，即以现金流量计算的时间单位为计息期。

（二）资金时间价值的影响因素

从投资者的角度来看，资金的时间价值受以下因素的影响：

1. 投资额。投入的资金越大，资金的时间价值就越大。例如，如果银行的存款年利率为 2.2%，那么 200 元存入银行，一年后的收益为 204.4 元。显然 200 元的时间价值比 100 元的时间价值大。

2. 利率。一般来说，在其他条件不变的情况下，利率越大，资金的时间价值越大；利率越小，资金的时间价值越小。例如，银行存款年利率为 2.2% 时，100 元一年的时间价值是 2.2 元；银行存款年利率为 5% 时，100 元一年的时间价值是 5 元。

3. 时间。在其他条件不变的情况下，时间越长，资金的时间价值越大；反之，其价值越小。例如，银行存款年利率为 2.2% 时，100 元两年的时间价值是 4.4 元，比一年的时间价值大。

4. 通货膨胀因素。如果出现通货膨胀，会使资金贬值，贬值会减少资金的时间价值。

5. 风险因素。投资是一项充满风险的活动。项目投资以后，其寿命期、每年的收益、利率等都有可能发生变化，既可能使项目遭受损失，也可能使项目获得意外的收益。这就是风险的影响。不过，风险往往同收益成比例，风险越大的项目，一旦经营成功，其收益也大。这就需要对风险进行认真预测与把握。

由于资金的时间价值受到上述多种因素的影响，因此，在对项目进行投资分析时一定要从以上方面认真考虑，谨慎选择。

二、资金的等值计算

"等值"是指在时间因素的作用下，在不同的时间点绝对值不等的资金具有相同的价值。例如现在的 100 元，与一年后的 106 元，虽然绝对数量不等，但如果在年利率为 6% 的情况下，则这两个时间点上的绝对值不等的资金是"等值"的。

在工程经济分析中，为了正确地计算和评价投资项目的经济效益，必须计算项目的整个寿命期内各个时期发生的现金流量的真实价值。但由于资金存在时间价值，在项目的整个寿命期内，各个时期发生的现金流量是不能直接相加的。为了计算项目各个时期的真实价值，必须要将各个时间点上发生的不同的现金流量转换成某个时间点的等值资金（Equivalence of money），然后再进行计算和分析，这样一个资金转换的过程就是资金的等值计算。

1. 现值。现值（Present Value）用 P 表示，它表示发生在（或折算为）某一现金流量序列起点的现金流量价值。在工程经济分析计算中，一般都约定 P 发生在起始时刻点的初期，如投资发生在第 0 年（亦第 1 年年初）。在资金的等值计算中，求现值的情况是最常见的。将一个时点上的资金"从后往前"折算到某个时刻点上就是求现值。求现值的过程也称为折现（或贴现）。在工程经济的分析计算中，折现计算是基础，许多计算都是在折现计算的基础上衍生的。

2. 终值。终值（Future Value）用 F 表示，它表示发生在（或折算为）某一现金流量序列终点的现金流量价值。在资金的等值计算中，将一个序列时间点上的资金"从前往后"折算到某个时刻点上的过程就叫求终值。求资金的终值也就是求资金的本利和。在工程经济分析计算中，一般约定 F 发生在期末，如第 1 年年末、第 2 年年末等。

3. 年值。年值（Annuity）用 A 表示，它表示发生在每年的等额现金流量，即在某个特定时间序列内，每隔相同时间收入或支出的等额资金。在工程经济分析计算中，如无特别说明，一般约定 A 发生在期末，如第 1 年年末、第 2 年年末等。

4. 等值。等值（Equivalence）没有特定的符号表示，因为等值相对于现值、终值和年值来说是一个抽象的概念，它只是资金的一种转换计算过程。等值既可以是现值、终值，也可以是年值。因为实际上，现值和终值也是一个相对概念。如某项目第 5 年的值相对于前面 1 ~ 4 年的值来说，它是终值，而相对于 5 年以后的值来说，它又是现值。等值是指在考虑资金的时间价值的情况下，不同时刻点上发生的绝对值不等的资金具有相同的价值。资金的等值计算非常重要，资金的时间价值计算核心就是进行资金的等值计算。

第二节 建筑工程项目经济评价及其方法

一、建筑工程项目经济评价

建设工程项目的经济评价是采用一定的方法和经济参数，对建设项目的投入产出进行研究、分析计算和对比论证的过程。经济评价的内容、深度和侧重点，是由项目决策工作不同阶段的要求所决定的。它在项目建设程序中主要有三个阶段：项目建议书阶段，可行性研究报告阶段，建设项目后评价阶段。

经济评价的目的是根据国民经济和社会发展战略及各行业、各地区发展规划的要求，在做好产品（服务）市场需求预测及厂址选择、工艺技术选择等工程技术研究的基础上，计算项目的效益和费用，通过多方案比较，对拟建项目的财务可行性和经济合理性进行分析论证，做出全面的经济评价，为项目的投资决策提供科学的依据。

（一）建设工程项目经济评价的特点

项目的经济评价为项目或方案的取舍提供重要依据，是项目决策科学化的重要手段。它一般具有以下特点：

1. 动态分析与静态分析相结合，一般以动态分析为主。
2. 定性分析与定量分析相结合，一般以定量分析为主。
3. 宏观效益分析与微观效益分析相结合，以宏观效益分析为主。
4. 预测分析与统计分析相结合，以预测分析为主。
5. 全过程效益分析与阶段性效益分析相结合，以全过程效益分析为主。

（二）建筑工程项目经济评价的要求

经济评价的目的主要是为项目决策提供科学、可靠的依据。因此，项目经济评价的结果与结论显得尤为重要，所以对项目经济评价的要求非常严格。

1. 项目经济评价基础数据要准确可靠，效益与费用计算口径要对应一致。
2. 项目经济评价工作应遵循国家统一发布的评价方法和统一的评价参数。
3. 经济评价应与现行的财税制度保持一致。
4. 经济评价要与项目的具体特点相吻合。

（三）建设工程项目的财务评价与国民经济评价

财务评价和国民经济评价作为建设项目评价的两个层次，因其作用与任务的不同，二者之间存在很大差别。

1. 评价角度不同。财务评价是根据现行国家财税制度和价格体系，从项目财务角度考察项目的盈利状况、偿还能力和外汇平衡能力，以确定项目投资行为的财务可行性。国民经济评价是按照资源合理配置的原则，从国家整体角度考察项目效益和费用，以确定项目投资行为的经济合理性。

2. 效益、费用的含义和划分范围不同。财务评价是从企业的角度出发，根据项目自身的收支情况来确定项目的效益和费用，利息、税金等各项支出都视为费用，政府补贴等视为收益。国民经济评价从全社会的角度来考察项目的效益与费用，其着眼于项目对社会提供的有用产品、服务及项目所耗费的社会资源，不计国内转移支付部分，即政府补贴不能计为项目的收益。税金和国内借款利息也不作为项目的费用。财务评价只计算项目直接发生的效益和费用，而国民经济评价对项目引起的间接效益和费用即外部效果也要进行计算和分析。

3. 评价采用的价格不同。财务评价对投入物和产出物均采用市场价格，财务价格是以现行价格为基础的预测价格，考虑价格的变动因素。而国民经济评价则采用影子价格，在计算期内各年均不考虑物价水平上涨因素。

4. 评价所采用的参数不同。财务评价所采用的是行业基准收益率、基准投资回收期等财务评价参数；而国民经济评价则采用影子汇率、影子工资、社会折现率等经济评价参数。

（四）建设工程项目经济评价指标分类

评价建设项目经济效果的好坏，取决于两个方面：一是基础数据的完整可靠；二是选取评价指标的合理性及计算方法的正确性。因此，选择正确的经济评价方法非常重要。

建设项目经济评价的核心内容就是对经济效果的评价。经济效果评价指标多种多样，任一具体指标，都只能从某个方面或某些方面反映项目的经济性。为了使评价工作系统而全面，就需要采用一系列指标，从多方面进行分析和考察。这些既相互联系又有其相对独立性的评价指标，就构成工程项目评价的指标体系。工程项目的评价指标可以从不同的角度进行分类。

1. 时间性、价值性与比率性评价指标

按评价指标的量纲或其所反映的经济性质，可将其分为时间性指标、价值性指标和比率性指标，如图 2-1 所示 [1]。时间性指标是以时间为量纲的指标；价值性指标是以货币为量纲的指标；比率性指标是无量纲的指标。

1　本节图片均引自：姜慧，陈晓红. 建筑工程经济 [M]. 武汉：武汉理工大学出版社，2014.

建设项目经济评价指标
- 时间性评价指标
  - 投资回收期
    - 动态投资国收翔
    - 静态投资回收期
  - 借款偿还期
- 价值性评价指标
  - 净现值
  - 净年值
  - 费用现值
  - 费用年值
- 比率性评价指标
  - 内部收益率
  - 净现值率
  - 资本金净利润率
  - 利息备付率
  - 总投资收益率
  - 偿债备付率
  - 资产负债率

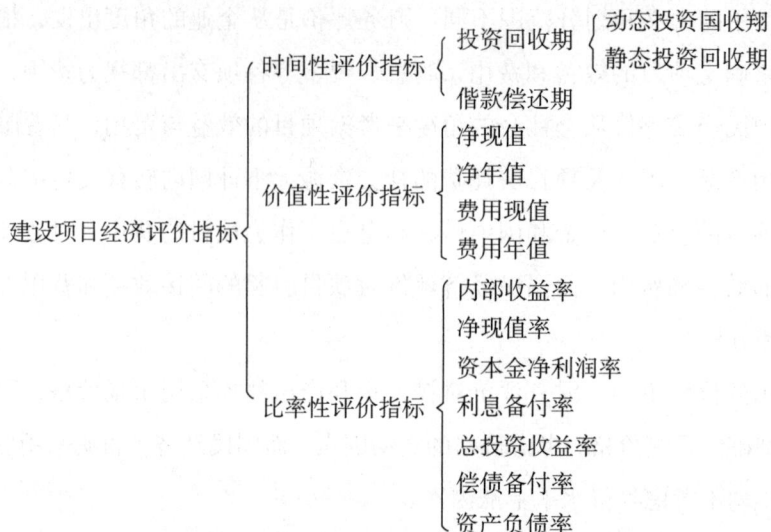

图 2-1 时间性、价值性与比率性评价指标

2. 盈利、清偿与财务生存能力指标

按评价指标的性质，可将其分为盈利能力指标、清偿能力指标和财务生存能力指标，如图 2-2 所示。盈利能力就是项目赚取利润的能力。清偿能力分析是项目融资后分析的主要内容，清偿能力指标是项目融资主体和债权人共同关心的指标。财务生存能力指标是指通过考察项目计算期内的投资、融资和经营活动所产生的各项现金流入和流出，计算净现金流量和累计盈余资金，分析项目是否有足够的净现金流量维持正常运营，以实现财务可持续性。

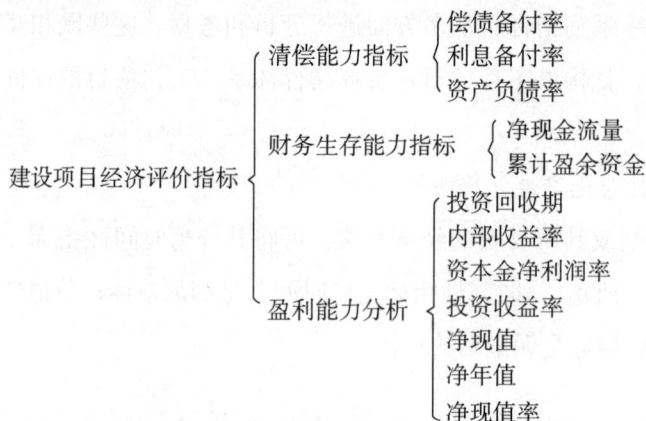

建设项目经济评价指标
- 清偿能力指标
  - 偿债备付率
  - 利息备付率
  - 资产负债率
- 财务生存能力指标
  - 净现金流量
  - 累计盈余资金
- 盈利能力分析
  - 投资回收期
  - 内部收益率
  - 资本金净利润率
  - 投资收益率
  - 净现值
  - 净年值
  - 净现值率

图 2-2 盈利、清偿与财务生存能力指标

3. 静态评价指标与动态评价指标

按建设项目评价时是否考虑资金的时间价值，评价指标可分为静态评价指标和动态评价指标两大类，如图 2-3 所示。

```
                                            ┌ 总投资收益率
                                            │ 资本金净利润率
                                            │ 投资利税率
                          ┌ 静态评价指标 ┤        ┌ 借款还债期
                          │                │        │ 利息备付率
                          │                │        │ 偿债备付率
                          │                └ 偿债能力┤ 资产负债率
                          │                         │ 流动比率
                          │                         └ 速动比率
建设项目经济评价指标 ┤
                          │                ┌ 投资回收期
                          │                │ 内部收益率
                          │                │ 资本金净利润率
                          └ 动态评价指标 ┤ 投资收益率
                                           │ 净现值
                                           │ 净年值
                                           └ 净现值率
```

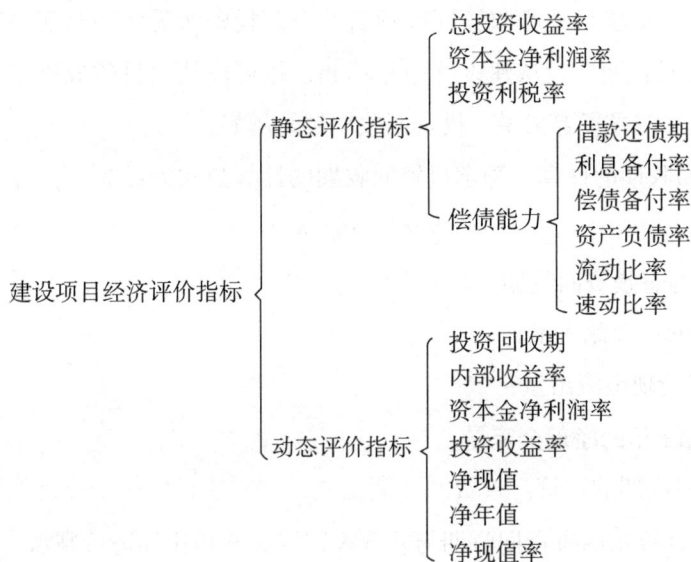

图 2-3 静态评价指标与动态评价指标

静态评价指标是指在不考虑资金时间价值的情况下，进行效益和费用计算，即评价指标不进行复利计算，计算简便、直观，适用于评价短期建设项目和逐年收益大致相等的项目，在对建设项目方案进行概略评价时或对时间较短、投资规模与收益规模均比较小的投资项目进行评价时都经常采用。它的主要缺点是没有考虑资金时间价值，并且不能反映项目整个寿命周期的全面情况。

动态评价指标是指在考虑资金时间价值的情况下，进行效益和费用计算，即将发生在不同时点的效益、费用采用一定的折现率进行等值化处理后计算出的评价指标。动态评价指标更加注重考察项目在计算期内各年现金流量的具体情况。因而也能更直观地反映项目的盈利能力，所以动态评价指标比静态评价指标的应用更加广泛，能够较全面反映投资方案整个计算期的经济性，在项目详细可行性研究阶段经常采用，适用于融资前项目整体效益评价及较长期的项目经济评价。

二、建设工程项目评价方法

（一）建设工程项目静态评价方法

静态评价方法从建设项目盈利能力经济评价指标和建设项目偿债能力评价指标两方面进行分析。

1.建设工程项目盈利能力经济评价指标

（1）静态投资回收期。项目的静态投资回收期，简称回收期，是指在不考虑资金的时间价值的情况下，以项目的净收益回收项目的全部投资所需要的时间。其单位通常用"年"表示。投资回收期一般从建设开始年算起，也可以从项目建成投产年开始算起，计算时应具体注明。对投资者来说，投资回收期越短越好。

1）静态投资回收期的计算。静态投资回收期的计算公式为：

$$\sum_{t=0}^{P_t}(CI-CO)_t=0 \tag{2-1}$$

式中：P_t——静态投资回收期；

CI——第 t 年的现金流入量；

CO——第 t 年的现金流出量；

$(CI-CO)_t$——第 t 年的净现金流量。

2）静态投资回收期的评价。投资回收期是建设工程项目的一个评价指标，在进行方案评价时，一般将计算出的投资回收期与基准投资回收期相比较进行判断。设 P_c 为基准投资回收期：

进行单方案评价时，若 $P_t \leq P_c$ 说明项目投入的总资金在规定的时间内可收回，方案的经济效益好，方案可行。

若 $P_t > P_c$ 说明项目投入的总资金在规定的时间内不能收回，方案的经济效益不好，方案不可行。

当多个方案进行比较，在每个方案自身满足 $P_t \leq P_c$ 时，投资回收期越短的方案越好。标准投资回收期 P_c 通常是国家或部门制定的标准（依据全社会或全行业投资回收期的平均水平），但也可以是企业根据自身的目标所期望的投资回收期水平。

3）静态投资回收期评价法的优缺点。静态投资回收期可以在一定程度上反映出项目方案的资金回收能力，其计算简便，有助于对技术上更新较快的项目进行评价。但该指标没有考虑资金的时间价值，也没有对投资回收期以后的收益进行分析，无法确定项目在整个寿命期的总收益和获利能力。容易使人接受短期效益好的方案，忽视短期效益差、但长期效益好的方案。

（2）总投资收益率。总投资收益率又称为投资效果系数、投资利润率，是指在建设项目达到设计生产能力后的正常生产年份的年息税前利润总额或营运期内年平均息税前利润总额与项目投资总额的比率。

$$ROI=\frac{EBIT}{TI}\times100\% \tag{2-2}$$

式中：ROI——总投资收益率；

$EBIT$——项目正常年份的年息税前利润总额或营运期内年平均息税前利润总额；

TI——项目投资总额。

其中：年息税前利润 = 年营业（销售）收入 - 年总成本费用 - 年营业税金及附加 +

补贴收入＋利息支出；

年总成本费用＝外购原材料、燃料及动力费＋工资及福利费＋修理费＋折旧费＋摊销费＋利息支出＋其他费用；

年营业税金及附加＝年消费税＋年增值税＋年营业税＋年资源税＋年城市维护建设税＋教育费附加；

项目总投资＝建设投资（固定资产投资）＋建设期利息＋流动资金。

总投资收益率表明项目在正常生产年份中，单位投资每年所创造的年净收益额。投资收益率越大，说明项目的投资效益越好。

如果项目在正常生产年份内各年收益情况变化幅度较大，也可采用下列公式进行计算：

$$总投资收益率_{(ROI)} = \frac{年平均税前利润总额}{项目总投资} \times 100\% \qquad (2-3)$$

2. 建设工程项目偿债能力经济评价指标

（1）借款偿还期。借款偿还期又称贷款偿还期，是指在国家财政规定的及具体的财务条件下，用项目投产后可以用作还款的项目收益（税后利润、折旧、摊销及其他收益等）来偿还项目投资借款本金和利息所需要的时间。它是反映项目借款偿债能力的重要指标。借款偿还期的计算公式为：

$$I_d = \sum_{t=1}^{P_d} \left(R_p + D' + R_0 - R_r \right)_t \qquad (2-4)$$

式中：P_d——借款偿还期（从借款开始年算起，当从投产年算起时，应予以注明）；

I_d——建设投资借款本金和利息（不包括已用自有资金支付的部分）之和；

R_p——第 t 年可用于还款的利润；

D'——第 t 年可用于还款的折旧；

R_0——第 t 年可用于还款的其他收益；

R_r——第 t 年企业留利。

实际计算时，计算数据可通过项目的财务平衡表或借款偿还计划表得出，其单位通常用"年"表示，计算公式为：

$$P_d = （借款偿还后出现盈余的年份数 -1）$$
$$+ P_d = （借款偿还后出现盈余的年份数 -1 + \frac{当年应偿还借款额}{当年可用于还款的收益额} \qquad (2-5)$$

（2）利息备付率。利息备付率也称已获利息倍数，是指建设项目在借款偿还期内各年可用于支付利息的息税前利润与当期应付利息费用的比值，它从付息资金来源的充裕性角度反映支付债务利息的能力。其计算公式为：

$$利息备付率 = \frac{息税前利润}{当期应付利息费用} \quad (2-6)$$

式中，息税前利润 = 利润总额 + 当年计入总成本费用的应付利息。

当期应付利息是指计入总成本费用的全部利息。利息备付率应分年计算，分别计算出在债务偿还期内各年的利息备付率。利息备付率表示用项目利润偿付利息的保证倍率，利息备付率越高，说明利息支付的保证度越大，利息偿付的保障程度越高，偿债风险越小。对于正常经营的企业，一般情况下，利息备付率不宜低于2。利息备付率低于1，表示没有足够资金支付利息，偿债风险很大。

若偿还前期的利息备付率数值偏低，为了分析所用，也可以补充计算债务偿还期内的年平均利息备付率。

（3）偿债备付率。偿债备付率是从偿债资金来源的充裕性角度反映偿付债务本息的能力，是指在借款偿还期内，各年可用于还本付息的资金与当期应还本付息金额的比值。其计算公式为：

$$偿债备付率 = \frac{可用于还本付息资金}{当期应还本付息金额} \quad (2-7)$$

式中：

可用于还本付息资金 = 息税前利润 + 折旧 + 摊销 - 所得税；

当期应还本付息金额 = 当期应还贷款本金额 + 计入总成本费用的全部利息。

融资租赁的本息和营运期内的短期借款本息也纳入还本付息金额。如果营运期间支出了维护营运的投资费用，应从分子中扣减。

偿债备付率应分年计算，分别计算出在债务偿还期内各年的偿债备付率。若偿还前期的偿债备付率数值偏低，为分析所用，也可以补充计算债务偿还期内的年平均偿债备付率。

偿债备付率表示可用于还本付息的资金偿还借款本息的保证倍率，偿债备付率低，说明偿付债务本息的资金不充足，偿债风险大。当这一指标小于1时，表示可用于还本付息的资金不足以偿付当年债务。故偿债备付率至少应大于1，正常情况下不宜低于1.3，并满足债权人的要求。

（二）建设工程项目动态评价方法

1. 动态投资回收期

动态投资回收期是指把投资项目各年的净现金流量按基准收益率折成现值之后，再来推算的投资回收期。它与静态投资回收期的根本区别是考虑了资金的时间价值。动态投资回收期就是净现金流量累计现值等于零时的年份。

1）动态投资回收期的计算。动态投资回收期的计算公式为：

$$\sum_{t=0}^{P'_t}(CI-CO)_t(1+i_c)=0$$

（2-8）

式中：P'_t——动态投资回收期；

CI——现金流入量；

CO——现金流出量；

$(CI-CO)_t$——第 ^ 年的净现金流量；

i_c——基准折现率。

在实际计算中，常用与求静态投资回收期相似的"累计计算法"求解动态投资回收期 P'_t，公式为：

$$P'_t=（累计净现金流量折现值开始出现正值的年份-1）+\frac{|上一年累计净现金流量的折现值|}{出现正值年份的净现金流量折现值}$$

（2-9）

计算出的动态投资回收期应与行业或部门的基准投资回收期 P_c 进行比较。

若 $P'_t \leq P_c$ 表明项目投入的总资金在规定的时间内可收回，则认为项目是可以考虑接受的。若 $P'_t > P_c$ 表明项目投入的总资金在规定的时间内不能收回，则认为项目是不可行的。

2）动态投资回收期评价法的优缺点。动态投资回收期是一个常用的经济评价指标，它考虑了资金的时间价值，该指标容易理解，计算也比较简便，在一定程度上显示了资本的周转速度。显然，资本周转速度越快，回收期越短，风险越小，盈利越多。动态投资回收期适用于三类项目：一是技术上更新迅速的项目；二是资金相当短缺的项目；三是未来的情况很难预测而投资者又特别关心资金补偿的项目。

动态投资回收期的不足之处是，没有全面地考虑投资方案整个计算期内的现金流量，即忽略了发生在投资回收期以后的所有情况，只考虑回收之前的效果，无法准确衡量方案在整个计算期内的经济效果。所以它同静态投资回收期一样，通常只适用于辅助性评价。只有在静态投资回收期较长和基准收益率较大的情况下，才需计算动态投资回收期。同时，由于投资回收期只能反映被评价方案的投资回收速度，不能反映方案之间的比较结果，故不能单独用于两个或两个以上方案的比较评价。

2. 净现值

净现值是指将项目整个计算期内各年的净现金流量（或净效益费用流量），按一定的折现率（基准收益率），折现到计算基准年（通常是期初，即第 0 年）的现值的代数和。在建设项目评价中，净现值分为财务评价的财务净现值（用 FNPV 表示）和国民经济（费用效益）评价的经济净现值（用 ENPV 表示）。本章由于是对建设项目的现金流量进行分析评价，所以计算的是财务评价指标。为不失一般性，采用 NPV 表示。

（1）净现值计算。净现值是考察项目在计算期内盈利能力的主要动态评价指标，公式为：

$$NPV = \sum_{t=0}^{n}(CI - CO)_t(1 + i_c)^{-t} = \sum_{t=0}^{n}NCF_t(P/F, i_c, t)$$ （2-10）

式中：NPV——净现值；

n——项目的计算期，包括项目的建设期、投产期和达产期；

i_c——基准折现率。

净现值的计算方法有以下两种：

1）列表法。在项目的现金流量表上按基准折现率计算寿命期内累计折现值。

2）公式法。利用一次支付现值公式或等额支付现值公式将寿命期内每年发生的现金流量，按基准折现率折现到期初，然后累加起来。

（2）净现值判别准则。净现值大于零则方案可行，且净现值越大，方案越优，投资效益越好。

1）单一方案。根据式（2-10）计算出 NPV 后，在用于投资方案的经济评价时其判别准则如下：

若 NPV > 0，说明方案可行。因为这种情况说明投资方案实施后的投资收益水平不仅能够达到基准折现率的水平，而且还会有盈余，即项目的盈利能力超过其投资收益期望水平，同时表明方案的动态投资回收期小于该方案的计算期。

若 NPV=0 说明方案可考虑接受。因为这种情况说明投资方案实施后的收益水平恰好等于基准折现率，即盈利能力能达到所期望的最低财务盈利水平，同时表明方案的动态投资回收期等于该方案的计算期。

若 NPV < 0，说明方案不可行。因为这种情况说明投资方案实施后的投资收益水平达不到基准折现率，即其盈利能力水平比较低，甚至有可能出现亏损，同时表明方案的动态投资回收期大于该方案的计算期。

2）多方案。多方案进行比选时，选择 NPV 值大于 0 且最大的方案。

（3）净现值的优劣势。

1）NPV 指标的优势。①考虑了资金的时间价值并全面考虑了项目在整个寿命期内的经济情况；②经济意义明确直观，能够直接以货币额表示项目的净收益；③能直接说明项目投资额与资金成本之间的关系；④不仅适用于单一方案的选择，也适用于多方案的选择。

2）NPV 指标的劣势。①$(CI-CO)_t$的准确预测比较困难。计算期内各期的$(CI-CO)_t$都对净现值指标的计算产生影响，特别是计算期较长的方案，准确预计计算期内各年的净现金流量很困难。②折现率i_c的选取比较困难。由式（2-10）可以看到，项目的$(CI-CO)_t$和计算年限 n 是确定的，此时净现值仅是折现率i_c的函数（即净现值函数）。

第三章 建筑工程项目不确定性与风险评估

第一节 建筑工程项目不确定性分析

不确定性分析是指在对建设项目进行了财务评价和国民经济评价的基础上，对决策方案受到各种事前无法控制的外部因素变化的影响所进行的研究和估计。

不确定性分析是决策分析中常用的一种方法。通过该分析可以尽量弄清和减少不确定性因素对经济效益的影响，预测项目投资对某些不可预见的政治与经济风险的抗冲击能力，以完善建设项目的评价结论，从而证明项目投资的经济性和稳定性，提高投资决策的可靠性和科学性。

一、不确定性分析产生的原因

建设项目赖以存在的政治、经济、社会、市场环境以及项目自身所涉及的投融资、运营、生产工艺、技术装备等因素的变化，项目基础数据的预测、估计和统计的误差等都是产生项目不确定性的原因。

1.项目基础数据的预测、估计和统计误差。如项目固定资产投资和流动资金是项目经济评价中重要的基础数据，但在实际中，往往会由于各种原因而高估或低估了它们的数额，从而影响了项目评价的结果。

2.市场供需结构、物价总水平、汇率等经济因素的变化。由于市场、物价、汇率等因素的变化，会产生物价的浮动，从而影响项目评价中所用的价格，进而导致诸如年销售收入、年经营成本等数据与实际数值发生偏差。

3.生产工艺、技术装备等技术因素的变化。技术进步会引起新老产品和工艺的更替，这样，根据原有技术条件和生产水平所估计出的年销售收入等指标会与实际数值发生偏差。

4.其他外部影响因素。如国家政策、法律法规、标准、规范、国际政治经济形势的变化以及环境、生态、风俗等社会因素的变化等，均会对经济项目的经济效果产生一定的甚至是难以预料的影响。

二、不确定性分析的内容与方法

对项目进行不确定性分析的内容和方法要根据项目的类型、特点、决策者的要求、相应的人力财力以及项目对国民经济的影响程度等条件来确定。具体包含以下内容:

1. 鉴别项目的主要不确定性因素。项目运行中所涉及的所有因素皆具有不确定性,但在不同条件下的不确定性程度是不同的。在进行不确定性分析时,应找出不确定性程度相对较大的关键因素作为分析的重点,而不需要对所有的不确定性因素进行分析。

2. 预测和估计不确定性因素的变化范围。对项目的不确定性因素,应预测和估计其变化的一般趋势、变动的幅度范围及可能的变动边界。

3. 选择不确定性分析的方法。根据项目的类型特点、决策者的要求、不确定性因素的性质等,选择不确定性分析的方法。盈亏平衡分析适用于在财务环境下对不确定性因素进行概括分析,敏感性分析适合揭示各种环境状态下的重点不确定性因素。

4. 确定分析结果。根据选用的方法和依据的指标,不确定性分析的结果可以是盈亏平衡点的确定、敏感度与敏感因素的界定等。

5. 进行项目实施风险预测。根据不确定性因素估计和不确定性分析结果,分析判断项目实施的风险状况,提示存在的风险,寻找防范对策。

不确定性分析包括盈亏平衡分析、敏感性分析、概率分析三种方法。一般来讲,盈亏平衡分析只适用于项目的财务评价,而敏感性分析和概率分析则可同时用于财务评价和国民经济评价。

第二节　建筑工程项目盈亏平衡与敏感性分析

一、建筑工程项目盈亏平衡分析

各种不确定性因素(如投资、成本、销售量、产品价格、项目寿命期等)的变化均会影响投资方案的经济效果,当这些因素的变化达到某一临界值时,就会影响方案的取舍。盈亏平衡分析的目的就是找出这种由盈利到亏损、由优到劣的临界值,即盈亏平衡点(BEP),判断投资方案对不确定性因素变化的承受能力,为决策提供依据。

盈亏平衡分析(Break-even Analysis)是通过盈亏平衡点分析项目成本与收益的平衡关系的一种方法。它主要是通过正常年份的产量或销售量、可变成本、固定成本、产品价格和销售税金及附加等数据计算收入等于总成本的临界点。即当项目达到一定产量（销售量），产品单价、单位变动成本或固定成本达到一定值时，项目收入等于总成本，项目处于不盈不亏状态，利润为零的点。盈亏平衡点越低，表明项目适应变化的能力越强，抗风险能力越大。

盈亏平衡分析的分类盈亏平衡分析有多种分类方法：第一，按采用的分析方法不同分为：图解法和方程式法盈亏平衡分析；第二，按分析要素间的函数关系不同分为：线性和非线性盈亏平衡分析；第三，按分析的产品品种数目多少分为：单方案和多方案盈亏平衡分析；第四，按是否考虑货币的时间价值分为：静态和动态的盈亏平衡分析。

下面以单方案和多方案盈亏平衡分析为主，结合其他的盈亏平衡分析方法，进行方案的不确定性分析探讨。

（一）单方案盈亏平衡分析

单方案盈亏平衡分析又称为量本利分析，是通过分析产品产量、成本和盈利能力之间的关系找出方案盈利与亏损在产量、单价、单位产品成本等方面的临界值，以判断方案在各种不确定因素作用下的风险情况。

由于项目的收入与成本都是产品产量的函数，因此，一般又根据它们之间的函数关系，将盈亏平衡分析分为两种：线性盈亏平衡分析、非线性盈亏平衡分析。

1. 线性盈亏平衡分析

线性盈亏平衡分析是指项目的收入与成本都是产量的一次线性函数的分析。

（1）线性盈亏平衡分析的假定条件。

第一，生产量等于销售量，统称为产（销）量，用 Q 表示。

第二，销售收入与产量呈线性关系。在一定时期和一定的产（销）量范围内，产品销售单价不变，产品销售收入为产（销）量的线性函数，即销售收入 = 产品销售单价 × 产（销）量。若以 TR 表示销售收入，P 表示产品销售单价，则 $TR = P \times Q$。

第三，假设项目正常生产年份的总成本按其性态不同可划分为固定成本和变动成本两部分。

固定成本是指在一定产（销）量范围内，成本总额不随产品产（销）量增减变动而变化的那部分成本。如直线法计提的折旧、辅助人员工资等。变动成本是指在一定产（销）量范围内，生产总成本中随着产品产（销）量变化而呈正比例变动的那部分成本，如直接材料费用、计件工资等。

需要注意的是，在一定产量范围内，单位产品固定成本是可变的，且与产品产量呈反方向变化；单位产品变动成本不随产品产（销）量的变化而变化，是一个常数。生产总成本、变动成本均表现为产（销）量的线性函数，即：

生产总成本 = 固定成本 + 变动成本 = 固定成本 + 单位变动成本 × 产（销）量

若以 TC 表示生产总成本，F 表示固定成本，V 表示单位变动成本，则上式可写为：TC=F+VQ。

第四，在一定时期和一定产（销）量范围内，单位产品销售税率保持不变，销售税金为产（销）量的线性函数。

即销售税金 = 单位产品销售税金 × 产（销）量

若以 TT 表示销售税金，t 表示单位产品销售税金，则：TT=t × Q

销售收入扣减销售税金即为销售净收入，用 NR 表示，公式表达为：销售净收入 = 销售收入 – 销售税金 =（产品销售单价 – 单位产品销售税金）× 产（销）量，即：NR=（P–t）Q。

第五，假定项目在分析期内，产品市场价格、生产工艺、技术装备、生产方法、管理水平等均无变化。

第六，假定项目只生产一种产品，或当生产多种产品时，产品结构不变，且都可以换算为单一产品计算。

（2）线性盈亏平衡分析方法。线性盈亏平衡分析的方法分为公式法和图解法两种。

第一，公式法。公式法是利用数学方程式来反映产（销）量、成本和利润之间的关系，进而确定盈亏平衡点的一种分析方法。线性盈亏平衡分析的基本公式如下：

年销售收入方程：

$$TR=PQ \tag{3–1}$$

年总成本费用方程：

$$TC=F+VQ+tQ \tag{3–2}$$

年利润方程为：

$$B=TR–TC=（P–V–t）Q–F \tag{3–3}$$

式中：TR——年销售收入；

P——单位产品售价；

Q——年产量或销量；

TC——年总成本费用；

F——年固定成本；

V——单位变动成本；

t——单位产品营业税金及附加；

B——年利润。

当盈亏平衡时，B=0，由此可推导出盈亏平衡点的系列公式。

第二，图解法。图解法是一种通过绘制盈亏平衡图直观反映产（销）量、成本和盈利间的关系，确定盈亏平衡点的分析方法。

盈亏平衡图的绘制方法：以横轴表示产（销）量Q，以纵轴表示销售收入和成本费用，在直角坐标系上先绘出固定成本线，再绘出销售收入线和生产总成本线；销售收入线与生产总成本线相交于一点，此点即为盈亏平衡点，在此点销售收入等于生产总成本；以盈亏平衡点作垂直于横轴的直线并与之交于 BEP（Q）点，此点即为以产（销）量表示的盈亏平衡点（也可以从盈亏平衡点出发作垂直于纵轴的直线并与之相交于一点，此点即为以销售收入表示的盈亏平衡点），如图 3-1 所示。

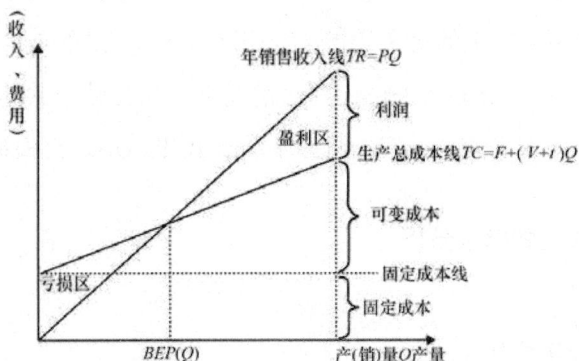

图 3-1 线性盈亏平衡分析图

TR 线与 TC 线的交点横坐标就是盈亏平衡点 BEP（Q）。交点左边为亏损区；右边为盈利区。交点对应的产量 BEP（Q）称为盈亏平衡点产（销）量或保本产（销）量。BEP（Q）越小，亏损可能性越小，盈利机会越大。实际生产经营状况离盈亏平衡点越远，经营就越安全，抗风险能力也越强。

2. 非线性盈亏平衡分析

对于一个拟建生产项目，在实际运营中，成本函数与销售收入函数等并不完全表现为线性关系。如在垄断竞争条件下，随着产品销量的增加，市场上该产品的售价就要下降，此时营销收入与产（销）量之间是非线性关系；同时，企业增加产量可能导致原材料价格上涨，或者还需要多支付一些加班费、奖金及设备维修费等，使产品单位可变成本增加，此时总成本与产（销）量之间也成非线性关系。当销售收入函数与成本函数呈非线性变化趋势时，对其进行的盈亏平衡分析就是非线性盈亏平衡分析。量本利之间的非线性关系表现形式多样，但进行非线性盈亏平衡分析，关键还是确定盈亏平衡点，不过这种情况下盈亏平衡点可能不止一个。

针对非线性盈亏平衡分析，在对方案进行选择时应优先选择平衡点较低者，盈亏平衡点低意味着项目的抗风险能力较强，承受意外风险的能力也较强。

（二）多方案盈亏平衡分析

多方案盈亏平衡分析是盈亏平衡分析方法的延伸，它是将同时影响各方案经济效果指标的共有的不确定性因素作为自变量，将各方案的经济效果指标作为因变量，建立各方案经济效果指标与不确定性因素之间的函数关系。先分别求出两两方案的盈亏平衡点，再根据盈亏平衡点进行方案比较，选择其中最经济的方案。

把盈亏平衡分析的方法用于不同方案的比较，其结果就不是不盈不亏的问题，而是哪一个方案优劣的问题。这里的优劣是指达到相同质量、产量的前提下，哪一个方案更好。

在需要对若干个互斥型方案进行比选的情况下，如有某个共同的不确定性因素影响互斥型方案的取舍，先求出两两方案的盈亏平衡点 BEP（Q），再根据 BEP（Q）进行取舍。

二、建筑工程项目敏感性分析

（一）敏感性分析的作用

所谓敏感性分析是指通过分析项目主要不确定性因素发生增减变化时，对财务或经济评价指标的影响，来计算敏感度系数和临界点，找出敏感因素。通过敏感性分析，可以帮助分析者找出对项目的技术经济指标影响程度较大的因素，同时对其变化时给项目经济性能带来的影响进行评估和分析，以减少不利影响，避免风险。具体表现为以下两点：

1. 分析投资、成本、销售量、生产能力、价格、利率等数值发生变化时，项目评价指标（如净现值、内部收益率等）的变化，从中找出敏感因素，并确定影响程度，以便制定相应对策，防范和降低风险，确保项目达到预期目标。

2. 找出不确定性因素最有利与最不利的变动，分析项目评价指标的变动范围，使决策者了解项目风险程度，以便采取有效措施或寻找替代方案，为最后确定有效可行的投资方案提供可靠的依据。

（二）敏感性分析的步骤

敏感性分析一般按以下步骤进行：

1. 选择需要分析的不确定性因素。注意在分析时一般仅选择主要的不确定性因素。这些主要不确定性因素的界定一般按以下原则进行，即在可能的变动范围内，预计该因素的变化将较强烈地影响方案的经济效益指标。对于工程项目，可用于敏感性分析的因素通常有投资额、项目建设周期、产品产量或销售量、产品价格、经营成本、项目寿命期限、折现率等。

2. 确定进行敏感性分析的经济评价指标。常用的评价指标包括净年值、净现值、内部收益率、投资回收期等。

3. 设定各不确定性因素可能的变化范围和增减量。

4. 计算因不确定性因素变动引起的经济评价指标的变动值。根据各不确定性因素的变动范围计算和各不确定性因素变动相应的经济评价指标值，建立对应的数量关系，其计算结果常用敏感性分析图或敏感性分析表的形式表示。

5. 计算敏感度系数和变动因素的临界点，找出敏感因素，并对敏感因素进行排队，找出敏感性强的因素，并提出决策建议。依据每次所考虑的变动因素数目的不同，敏感性分析又分单因素敏感性分析和多因素敏感性分析。

（三）单因素与多因素敏感性分析

1. 单因素敏感性分析

每次只考虑一个因素的变动，而假设其他因素保持不变时所进行的敏感性分析称为单因素敏感性分析。在单因素敏感性分析中，可用敏感度系数和临界点来表示敏感性分析的结果。

（1）敏感因素和敏感度系数。所谓敏感因素是指该不确定性因素的数值有很小的变动就能使项目经济效果评价指标出现较显著改变的因素。敏感度系数指项目评价指标变化率与不确定性因素变化率之比，用 S_{AF} 表示：

$$S_{AF} = \frac{\dfrac{\Delta A}{A}}{\dfrac{\Delta F}{F}} \qquad\qquad (3-4)$$

式中：$\dfrac{\Delta F}{F}$——不确定性因素 F 的变化率（％）；

$\dfrac{\Delta A}{A}$——不确定性因素 F 发生 ΔF 变化时，评价指标 A 的相应变化率（％）。

$S_{AF} > 0$，表示评价指标与不确定性因素同方向变化；

$S_{AF} < 0$，表示评价指标与不确定性因素反方向变化，$|S_{AF}|$ 较大者敏感度较高。

当 S_{AF} 值较大时，不确定性因素叫敏感因素；当 S_{AF} 值较小时，不确定性因素叫不敏感因素。敏感性分析的重点是主要敏感因素，特别是不利因素临界点。

（2）临界点。临界点是指项目允许不确定性因素向不利方向变化的极限值，超过此极限，项目将由可行变为不可行。临界点可用临界点百分比或临界值表示。临界点百分比表示某一不确定性因素的变化达到一定的百分比时，项目的经济评价指标将由可行变为不可行；临界值是指某一不确定性因素的变化达到一定数值时，项目的经济评价指标将从可行变为不可行。

2. 多因素敏感性分析

单因素敏感性分析方法的优点是简单、直观，但不足之处是只考虑各因素独立变化，忽略了因素之间的相互影响。多因素敏感性分析考虑了因素之间的相关性，弥补了单因素敏感性分析的局限性，更全面地揭示了事物的本质。多因素敏感性分析是指考虑两个或两个以上因素同时变化对项目经济效果评价指标的影响，其他因素保持不变。单因素敏感性分析获得曲线，双因素敏感性分析获得曲面。

敏感性分析在一定程度上就各种不确定性因素的变动对方案经济效果的影响做了定量描述。这有助于决策者了解方案的风险情况，有助于确定在决策过程中及各方案实施过程中需要重点研究与控制的因素。但是，敏感性分析没有考虑各种不确定性因素在未来发生变化的概率，这可能会影响分析结论的准确性。实际上，各种不确定性因素在未来某一幅度变动的概率一般是有所不同的。这种问题是敏感性分析无法解决的，必须借助于概率分析方法进行分析。

第三节　建筑工程项目风险分析

风险分析是一项有目的的管理活动，只有目标明确，才能起到有效的作用。否则，风险分析就会流于形式，没有实际意义，也无法评价其效果。风险分析的目标为：实际投资不超过计划投资；实际工期不超过计划工期；实际质量满足预期的质量要求；建设过程安全。

一、建筑工程项目风险识别

风险识别是进行风险管理的第一步。风险识别具有个别性、主观性、复杂性及不确定性。风险识别的一般步骤为：第一，明确要实现的目标；第二，找出影响目标值的全部因素；第三，分析各因素对目标的相对影响程度；第四，根据各因素向不利方向变化的可能性进行分析、判断，并确定主要风险因素。

（一）风险识别原则

1.由粗及细，由细及粗原则。由粗及细是指对风险因素进行全面分析，并通过多种途径对工程风险进行分解，逐渐细化，以获得对工程风险的广泛认识，从而得到工程初始风险清单。由细及粗是指从工程初始风险清单的众多风险中，根据同类工程建设的经验以及对拟建工程建设具体情况的分析和风险调查，确定那些对建设工程目标实现有较大影响的工程风险，作为主要风险，即作为风险评价及风险对策决策的主要对象。

2.严格界定风险内涵并考虑风险因素之间的相关性。对各种风险的内涵要严加界定，不能出现重复和交叉现象。另外，还要尽可能考虑各种风险因素之间的主次关系、因果关系、互斥关系、正相关关系、负相关关系等相关性。但在风险识别阶段考虑风险因素之间的相关性有一定的难度，因此，至少应做到严格界定风险内涵。

3.先怀疑，后排除。对于所遇到的问题都要考虑其是否存在不确定性，不要轻易否定或排除某些风险，要通过认真分析进行确认或排除。

4.排除与确认并重。对于肯定可以排除和肯定可以确认的风险应尽早予以排除和确认。对于一时既不能排除又不能确认的风险再做进一步的分析，予以排除或确认。最后，对于肯定不能排除但又不能肯定予以确认的风险按确认考虑。

5.必要时可做实验论证。对于某些按常规方式难以判定其是否存在，也难以确定其对工程建设目标影响程度的风险，尤其是技术方面的风险，必要时可做实验论证，如抗震实验、风洞实验等。这样做的结论可靠，但要以付出费用为代价。

（二）风险识别方法

工程建设的风险识别可以根据其自身特点，采用相应的方法，即专家调查法、财务报表法、流程图法、初始风险清单法、经验数据法和风险调查法。

1.专家调查法

专家调查法分为两种方式：一种是召集有关专家开会，让专家各抒己见，充分发表意见，起到集思广益的作用；另一种是采用问卷式调查，各专家不知道其他专家的意见。

采用专家调查法时，所提出的问题应具体，并具有指导性和代表性，且具有一定的深度。对专家发表的意见要由风险管理人员加以归纳分类、整理分析，有时可能要排除个别专家的个别意见。

2.财务报表法

财务报表法有助于确定一个特定企业或特定的工程建设可能遭受到的损失以及在何种情况下遭受到这些损失。通过分析资产负债表、现金流量表、营业报表及有关补充资料，可以识别企业当前的所有资产、责任及人身损失风险。将这些报表与财务预测、预算结合起来，可以发现企业或工程建设未来的风险。

采用财务报表法进行风险识别，要对财务报表中所列的各项会计科目做深入地分析研究，并提出分析研究报告，以确定可能产生的损失，还应通过一些实地调查及其他信息资料来补充财务记录。由于工程财务报表与企业财务报表不尽相同，因而工程建设的风险识别时需要结合工程财务报表的特点。

3. 流程图法

将一项特定的生产或经营活动按步骤或阶段顺序以若干个模块形式组成一个流程图，在每个模块中都标出各种潜在的风险因素或风险事件，从而给决策者一个清晰的总体印象。一般来说，流程图中各步骤或阶段的划分比较容易，关键在于找出各步骤或各阶段不同的风险因素或风险事件。由于流程图的篇幅限制，采用这种方法所得到的风险识别结果较为粗略。

4. 初始风险清单法

如果对每一个工程建设风险的识别都从头做起，至少有三方面缺陷：第一，耗费时间和精力多，风险识别工作的效率低；第二，由于风险识别的主观性，可能导致风险识别的随意性，其结果缺乏规范性；第三，风险识别成果资料不便积累，对今后的风险识别工作缺乏指导作用。因此，为了避免以上三方面的缺陷，有必要建立初始风险清单。

通过适当的风险分解方式来识别风险是建立建设工程初始风险清单的有效途径。对于大型、复杂的建设工程，首先将其按单项工程、单位工程分解，再对各单项工程、单位工程分别从时间维、目标维和因素维进行分解，可以较容易地识别出建设工程主要的、常见的风险。从初始风险清单的作用来看，因素维仅分解到各种不同的风险因素是不够的，还应进一步将各风险因素分解到风险事件。建设工程初始风险清单见表 3–1[1]。

1　本节表格均引自：闫魁星，佘勇，程玮. 建筑工程经济 [M]. 上海交通大学出版社，2015.

表 3-1 建设工程初始风险清单

风险因素		典型风险事件
技术风险	设计	设计内容不全，设计缺陷、错误和遗漏，应用规范不恰当，未考虑地质条件，未考虑施工可能性等
	施工	施工工艺落后，施工技术和方案不合理，施工安全措施不当，应用新技术新方案失败，未考虑施工专款情况等
	其他	工艺设计为达到先进性指标，工艺流程不合理，未考虑操作安全性等
非技术风险	自然与环境	洪水、地震、火灾、台风等不可抗拒自然力，不明的水文气象条件，复杂的工程地质条件，恶劣的气候，施工对环境的影响等
	政治法律	法律及规章的变化，罢工、经济制裁或禁运等
	经济	通货膨胀或紧缩，汇率变动，市场动荡，社会各种摊派和征费的变化，资金不到位，资金短缺等
	组织协商	业主和上级主管部门的协调，业主和设计方、施工方以及监理方的协调，业主内部的组织协调等
	合同	合同条款遗漏、表达有误，合同类型选择不当，承发包模式选择不当，索赔管理不力，合同纠纷等
	人员	业主人员、设计人员、监理人员、一般工人、技术人员等的素质（能力、效率、品德、责任心）不高
	材料设备	原材料、半成品、成品或设备供货不足或拖延，数量差错或质量规格问题，特殊材料和新材料的使用问题，过度耗费和浪费，施工设备供应不足、类型不配套、故障、安装失误、造型不当等

　　初始风险清单只是为了便于人们较全面地认识风险的存在，而不至于遗漏重要的工程风险，但并不是风险识别的最终结论。在初始风险清单建立后，还需要结合特定工程建设的具体情况进一步识别风险，从而对初始风险清单做一些必要的补充和修正。为此，需要参照同类工程建设风险的经验数据或针对具体工程建设的特点进行风险调查。

　　5. 经验数据法

　　经验数据法也称为统计资料法，即根据已建各类工程建设与风险有关的统计资料来识别拟建工程建设的风险。不同的风险管理主体都应有自身关于工程建设风险的经验数据或统计资料。在工程建设领域，可能有工程风险经验数据或统计资料的风险管理主体，包括咨询公司（含设计单位）、承包商以及长期有工程项目的业主（如房地产开发商）。由于这些不同的风险管理主体的角度不同、数据或资料来源不同，其各自的初始风险清单一般多少有些差异。但是，工程建设风险本身是客观事实，有客观的规律性，当经验数据或统计资料足够多时，这种差异性就会大大减小。何况，风险识别只是对工程建设风险的初步认识，还是一种定性分析，因此，这种基于经验数据或统计资料的初始风险清单可以满足对工程建设风险识别的需要。

　　6. 风险调查法

　　风险调查法是工程建设风险识别的重要方法。风险调查应当从分析具体工程建设的特点入手，一方面对通过其他方法已经识别出的风险（如初始风险清单所列出的风险）

进行鉴别和确认；另一方面，通过风险调查有可能发现此前尚未识别出的重要工程风险。

通常，风险调查可以从组织、技术、自然及环境、经济、合同等方面分析拟建工程的特点及相应的潜在风险。

二、建筑工程项目风险评估

风险评估是对风险的规律性进行研究和量化分析。工程建设中存在的每一个风险都有自身的规律和特点、影响范围和影响量。通过分析可以将它们的影响统一为成本目标的形式，按货币单位来度量，并对每一个风险进行评估。

（一）风险评估内容

1.风险因素发生的概率。风险发生的可能性可用概率表示。它的发生有一定的规律性，但也有不确定性。既然被视为风险，则它必然在必然事件（概率 =1）和不可能事件（概率 =0）之间。风险发生的概率需要利用已有数据资料和相关专业方法进行估计。

2.风险损失量的估计。风险损失量是个非常复杂的问题，有的风险造成的损失较小，有的风险造成的损失很大，可能引起整个工程的中断或报废。风险之间常常是有联系的，某个工程活动受到干扰而拖延，则可能影响它后面的许多活动。工程建设风险损失包括投资风险、进度风险、质量风险和安全风险。

（1）投资风险。投资风险导致的损失可以直接用货币形式来表现，即法规、价格、汇率和利率等的变化或资金使用安排不当等风险事件引起的实际投资超出计划投资的数额。

（2）进度风险。进度风险导致的损失由三个部分组成：第一，货币的时间价值：进度风险的发生可能会对现金流动造成影响，在利率的作用下，引起经济损失。第二，为赶上计划进度所需的额外费用：包括加班的人工费、机械使用费和管理费等一切因追赶进度所发生的非计划费用。第三，延期投入使用的收入损失：这方面损失的计算相当复杂，不仅仅是延误期间内的收入损失，还可能由于产品投入市场过迟而失去商机，从而大大降低市场份额，因而这方面的损失有时是相当巨大的。

（3）质量风险。质量风险导致的损失包括事故引起的直接经济损失、修复和补救等措施发生的费用以及第三者责任损失等，可分为五个方面：第一，建筑物、构筑物或其他结构倒塌所造成的直接经济损失；第二，复位纠偏、加固补强等补救措施和返工的费用；第三，造成工期延误的损失；第四，永久性缺陷对于建设工程使用造成的损失；第五，第三者责任的损失。

（4）安全风险。安全风险导致的损失包括：第一，受伤人员的医疗费用和补偿费；第二，财产损失，包括材料、设备等财产的损毁或被盗；第三，因引起工期延误带来的损失；第四，为恢复工程建设正常实施所发生的费用；第五，第三者责任损失：在工程建设实施期间，因意外事故可能导致的第三者的人身伤亡和财产损失所做的经济赔偿以及必须承担的法律责任。

由以上四方面风险的内容可知，投资增加可以直接用货币来衡量；进度的拖延则属于时间范畴，同时也会导致经济损失；而质量事故和安全事故既会产生经济影响又可能导致工期延误和第三者责任，显得更加复杂。而第三者责任除了法律责任之外，一般都是以经济赔偿的形式来实现的。因此，这四方面的风险最终都可以归纳为经济损失。

3. 风险等级评估。风险因素涉及各个方面，但人们并不是对所有的风险都予以十分重视。否则将大大提高管理费用，干扰正常的决策过程。所以，组织应根据风险因素发生的概率和损失量，确定风险程度，进行分级评估。不同位能的风险可分为不同的类别，用 A、B、C 表示。

第一，A 类：高位能，即损失期望值很大的风险。通常发生的可能性很大，而且一旦发生损失也很大。

第二，B 类：中位能，即损失期望值一般的风险。通常发生可能性不大、损失也不大的风险，或发生可能性很大但损失极小，或损失比较大但可能性极小的风险。

第三，C 类：低位能，即损失期望值极小的风险，发生的可能性极小，即使发生损失也很小的风险。

在工程项目风险管理中，A 类是重点，B 类要顾及，C 类可以不考虑。另外，也可用 Ⅰ 级、Ⅱ 级、Ⅲ 级等表示风险类型，见表3-2。

表3-2 风险等级评估表

风险等级	后果		
	轻度损失	中度损失	最大损失
很大	Ⅲ	Ⅳ	Ⅴ
中等	Ⅱ	Ⅲ	Ⅳ
极小	Ⅰ	Ⅱ	Ⅲ

注：表中 Ⅰ 为可忽略风险；Ⅱ 为可容许风险；Ⅲ 为中度风险；Ⅳ 为重大风险；Ⅴ 为不容许风险。

（二）风险评估步骤

1. 收集信息。风险评估分析时必须收集的信息包括：承包商类似工程的经验和积累的数据；与工程有关的资料、文件等；对上述两来源的主观分析结果。

2. 对信息的整理加工。根据收集的信息和主观分析加工，列出项目所面临的风险，并将发生的概率和损失的后果列成一个表格，风险因素、发生概率、损失后果、风险程度一一对应，见表3-3。

表 3-3 风险程度分析

风险因素	发生概率 /%	损失后果 / 万元	风险程度 / 万元
物价上涨	10	50	5
地质特殊处理	30	100	30
恶劣天气	10	30	3
工期拖延罚款	20	50	10
设计错误	30	50	15
业主拖欠工程款	10	100	10
项目管理人员不胜任	20	300	60
合计	—	—	133

（3）提出风险评估报告。风险评估分析结果必须用文字、图表进行表达说明作为风险管理的文档，即以文字、表格的形式做风险评估报告。评估分析结果不仅作为风险评估的成果，而且应作为人们风险管理的基本依据。

对于风险评估报告中所用表的内容可以按照分析的对象进行编制。对于在项目目标设计和可行性研究中分析的风险及对项目总体产生的风险（如通货膨胀影响、产品销路不畅、法律变化、合同风险等），可以按风险的结构进行分析研究。

（三）风险评估方法

1. 概率分析法

某事件的概率可分为客观概率和主观概率两类。通常把以客观统计数据为基础的概率称为客观概率。以人为预测和估计为基础的概率称为主观概率，如产量、销售单价、投资、建设工期等。经济评价的概率分析主要是主观概率分析。

简单的概率分析是在根据经验设定各种情况发生的可能性（概率）后，计算项目净现值的期望值及净现值大于或等于零时的累计概率。在方案比选中，则可以只计算净现值的期望值。计算中应根据具体问题的特点选择适当的计算方法。一般的计算步骤如下：

（1）列出各种要考虑的不确定性因素（敏感要素）。

（2）设想各不确定性因素可能发生的情况，即其数值发生变化的几种情况。

（3）分别确定每种情况出现的可能性（概率），每种不确定性因素可能发生情况的概率之和必须等于 1。

（4）分别求出各可能发生事件的净现值、加权净现值，然后求出净现值的期望值。

（5）求出净现值大于或等于零的累计概率。

总之，概率分析是使用概率研究预测各种不确定性因素和风险因素的发生对项目经济效益评价指标影响的一种定量分析方法。利用这种分析方法可以将不确定性因素及其对项目投资经济效益影响的程度定量化，从而比较科学地判断项目在可能的风险因素影响下是否可行。

2.蒙特卡罗模拟法

蒙特卡罗模拟法是用随机抽样的方法抽取一组输入变量的概率分布特征的数值，输入这组变量计算项目评价指标，通过多次抽样计算可获得评价指标的概率分布及累计概率分布、期望值、方差、标准差，计算项目可行或不可行的概率，从而估计项目投资所承担的风险。

蒙特卡罗模拟法不仅适用于离散型随机变量情况，也适用于连续型随机变量。若遇到随机变量较多且概率分布是连续型的，采用概率分析法将变得十分复杂，而蒙特卡罗模拟法却能较方便地解决此类问题。蒙特卡罗模拟法的步骤如下：

（1）确定风险随机变量。通常运用敏感性分析确定风险随机变量。

（2）确定风险随机变量的概率分布。

（3）通过随机数表或计算机为各随机变量抽取随机数。

（4）根据风险随机变量的概率分布将抽得的随机数转化为各输入变量的抽样值。

（5）将抽样值组成一组项目评价基础数据。

（6）选取经济评价指标，如内部收益率、财务净现值等，根据得到的基础数据计算出一组随机状况下的评价指标值。

（7）重复上述过程，进行多次反复模拟，得出多组评价指标值。

（8）整理模拟结果所得评价指标的期望值、方差、标准差和它的概率分布及累计概率，绘制累计概率图，同时检验模拟次数是否满足预定的精度要求。根据上述结果，分析计算项目可行或不可行的概率。

三、建筑工程项目风险评价

风险评价是指根据风险识别和风险估计的结果，依据项目风险判断标准，找出影响项目成败的关键风险因素。对项目风险的大小进行评价应根据风险因素发生的可能性及其造成的损失来确定，一般采用评价指标的概率分布或累计概率、期望值、标准差作为判别标准，也可采用综合风险等级作为判别标准。

1.以评价指标作为判别标准。一般财务（经济）内部收益率大于等于基准收益率（社会折现率）的累计概率值越大，风险越小；标准差越小，风险越小；财务（经济）内部净现值大于等于零的累计概率值越大，风险越小；标准差越小，风险越小。

2.以综合风险等级为判别标准。根据风险因素发生的可能性及其造成损失的程度，建立综合风险等级的矩阵，将综合风险分为风险很强的K(Kill)级、风险强的M(Modify)级、风险较强的T(Trigger)级、风险适度的R(Review and reconsider)级和风险弱的I(Ignore)级。综合风险等级分类表见表3-4。

表 3-4 综合风险等级分类表

综合风险等级		风险影响的程度			
		严重	较大	适度	低
风险的可能性	高	K	M	R	R
	较高	M	M	R	R
	适度	T	T	R	I
	低	T	T	R	I

四、建筑工程项目风险决策

风险决策是着眼于风险条件下方案取舍的基本原则和多方案比较的方法。风险决策行为取决于决策者的风险态度，对于同一风险决策问题，风险态度不同的人决策的结果通常有较大的差异。典型的风险态度有三种表现形式：风险厌恶、风险中性和风险偏爱。与风险态度相对应，风险决策人可有以下决策原则。

1. 优势原则。在两个可选方案中，如果无论何种条件下方案 A 总是优于方案 B，则称 A 为优势方案；B 为劣势方案，应予以排除。应用优势原则一般不能决定最佳方案，但可以减少可选方案的数量，缩小决策范围。

2. 期望值原则。如果选用的经济指标为收益指标，则应选择期望值大的方案；如果选用的是成本费用指标，则应选择期望值小的方案。

3. 最小方差原则。方差反映了实际发生的方案可能偏离其期望值的程度。在同等条件下，方差越小，意味着项目的风险越小，稳定性和可靠性越高，应优先选择。

4. 最大可能原则。若某一状态发生的概率显著大于其他状态，则可根据该状态下各方案的技术经济指标进行决策，而不考虑其他状态。只有当某一状态发生的概率高于其他状态，且各方案在不同状态下的损益值差别不是很大时方可应用最大可能原则。

5. 满意度原则。在工程实践中由于决策人的理性有限性和时空的限制，既不能找到一切方案，也不能比较一切方案，并非人们不喜欢"最优"，而是取得"最优"的代价太高。因此，最优准则只存在于纯粹的逻辑推理中。在实践中只能遵循满意度准则，就可以进行决策，即制定一个足够满意的目标值，将各种可选方案在不同状态下的损益值与此目标值相比较进而做出决策。

五、建筑工程项目风险应对

风险应对是指根据风险评价的结果，研究规避、控制与防范风险的措施，为项目全过程风险管理提供依据。风险应对应具有针对性、可行性、经济性，并贯穿于项目评价的全过程。决策阶段风险应对的主要措施包括：强调多方案比选；对潜在风险因素提出必要研究与试验课题；对投资估算与财务（经济）分析，应留有充分的余地；对建设或生产经营期的潜在风险可建议采取回避、转移、分担和自担措施。结合综合风险因素等级的分析结果，应提出下列应对方案：K级，风险很强，出现这类风险就要放弃项目；M级，风险强，修正拟议中的方案，通过改变设计或采取补偿措施等；T级，风险较强，设定某些指标的临界值，指标一旦达到临界值，就要变更设计或对负面影响采取补救措施；R级，风险适度（较小），适当采取措施后不影响项目；I级，风险弱，可忽略。风险应对有以下四种基本方法：

（一）风险规避

风险规避是指承包商设法远离、躲避可能发生风险的行为和环境，从而达到避免风险发生的可能，其具体做法有以下三种：

1. 拒绝承担风险。承包商拒绝承担风险的大致情况包括：对某些存在致命风险的工程拒绝投标；利用合同保护自己，不承担应该由业主承担的风险；不接受实力差、信誉不佳的分包商和材料、设备供应商，即使是业主或者有实权的其他任何人的推荐；不委托道德水平低下或其他综合素质不高的中介组织或个人。

2. 承担小风险回避大风险。在项目决策时要注意，放弃明显导致亏损的项目。对于风险超过自己的承受能力，成功把握不大的项目，不参与投标，不参与合资。甚至有时在工程进行到一半时，预测后期风险很大，必然有更大的亏损，不得不采取中断项目的措施。

3. 为了避免风险而损失一定的较小利益。利益可以计算，但风险损失是较难估计的，在特定情况下，采用此种做法。如在建材市场有些材料价格波动较大，承包商与供应商提前订立购销合同并付一定数量的定金，从而避免因涨价带来的风险，采购生产要素时应选择信誉好、实力强的分包商，虽然价格略高于市场平均价，但分包商违约的风险减小了。

规避风险虽然是一种风险响应策略，但应该承认这是一种消极的防范手段。因为规避风险固然避免损失，但同时也失去了获利的机会。如果企业想生存、图发展，又想回避其预测的某种风险，最好的办法是采用除规避以外的其他策略。

（二）风险减轻

承包商的实力越强，市场占有率越高，抵御风险的能力也就越强，一旦出现风险，其造成的影响就相对小些。例如，承包商承担一个项目，出现风险会使他难以承受；若承包若干个工程，其中一旦在某个项目上出现了风险损失，还可以有其他项目的成功加以弥补。这样，承包商的风险压力就会减轻。

在分包合同中，通常要求分包商接受建设单位合同文件中的各项合同条款，使分包商分担一部分风险。有的承包商直接把风险比较大的部分分包出去，将建设单位规定的误期损失赔偿费如数打入分包合同，将这项风险分散。

（三）风险转移

风险转移是指承包商在不能回避风险的情况下，将自身面临的风险转移给其他主体来承担。风险的转移并非转嫁损失，有些承包商无法控制的风险因素，其他主体都可以控制。风险转移一般指对分包商和保险机构。

（1）转移给分包商。工程风险中的很大一部分可以分散给若干分包商和生产要素供应商。例如，对待业主拖欠工程款的风险，可以在分包合同中规定在业主支付给总包后若干日内向分包方支付工程款。承包商在项目中投入的资源越少越好，以便一旦遇到风险，可以进退自如。可以租赁或指令分包商自带设备等措施来减少自身资金、设备沉淀。

（2）工程保险。购买保险是一种非常有效的转移风险的手段，将自身面临的风险很大一部分转移给保险公司来承担。工程保险是指业主和承包商为了工程项目的顺利实施，向保险人（公司）支付保险费，保险人根据合同约定对在工程建设中可能产生的财产和人身伤害承担赔偿保险金责任。

（3）工程担保。工程担保是指担保人（一般为银行、担保公司、保险公司以及其他金融机构、商业团体或个人）应工程合同一方（申请人）的要求向另一方（债权人）做出的书面承诺。工程担保是工程风险转移的一项重要措施，它能有效地保障工程建设的顺利进行。许多国家政府都在法规中规定要求进行工程担保，在标准合同中也含有关于工程担保的条款。

（四）风险自留

风险自留是指承包商将风险留给自己承担，不予转移。这种手段有时是无意识的，即当初并不曾预测的，不曾有意识地采取种种有效措施，以致最后只好由自己承受；但有时也可以是主动的，即经营者有意识、有计划地将若干风险主动留给自己。

决定风险自留必须符合的条件（满足其中一项即可）包括：自留费用低于保险公司所收取的费用；企业的期望损失低于保险人的估计；企业有较多的风险单位，且企业有能力准确地预测其损失；企业的最大潜在损失或最大期望损失较小；短期内企业有承受最大潜在损失或最大期望损失的经济能力；风险管理目标可以承受年度损失的重大差异；费用和损失支付分布于很长的时间里，因而导致很大的机会成本；投资机会很好；内部服务或非保险人服务优良。如果实际情况与以上条件相反，则应放弃风险自留的决策。

第四章 建筑工程项目设计与管理体系优化

第一节 建筑工程设计技术分析

一、绿色建筑设计中的技术选择

（一）绿色建筑设计

1. 绿色建筑设计特性

（1）高效性。充分利用一切可能利用的自然资源、绿色资源、生态资源，在绿色建筑规划设计的过程中，应当着力于提高建筑整体生命周期，包括建筑土地的科学规划、区域水源的节约、建筑材料回收再利用等。

（2）协同性。从经济发展角度来看，绿色建筑就是一项工程建筑，但是从整个生态社会协调发展的角度来讲，绿色建筑是一项有助于人类社会可持续发展的生态绿色系统。因此，在设计中，应当将整个绿色建筑的规划设计建设与外界周边环境相融合。

（3）地域性。我国地大物博，东部沿海（福建省）地区，其自然地理、气候条件、资源条件以及社会经济发展状况与北方地区、西部地区都存在着较大的差异性。因此，在绿色建筑规划设计中，应当坚持因地制宜的基本设计原则。

2. 绿色建筑设计概括

（1）规划设计。规划设计主要分为建筑场地的设计、绿化场地的设计，以及整体布局的规划。在绿色建筑整体规划布局方面，主要包括建筑的朝向选择、建筑的间距控制等。

（2）单体设计。建筑单体设计技术的应用，在关键技术应用选择方面，应当结合实际开发工程项目的具体情况。不同体形系数大小的建筑，对于整个建筑能耗的影响程度是比较显著的，换言之，绿色建筑体形系数越小，单位范围内建筑的面积所能够对应的建筑外表面积也就越小，进而就会影响（正面影响）整个绿色建筑外围护结构的传热性能，其传热过程中的损失程度也会极大地减少。除此（绿色建筑体形）之外，关于绿色建筑单体设计技术的应用，还包括其他多个方面，像绿色建筑通风、窗墙面积比、遮阳效果、外墙的设计等。

（3）材料利用。绿色建筑的材料利用技术，主要是指采用清洁生产的应用技术，或者是选用那些天然的资源、能源，大量使用那些农业产业发展领域所生产、制造出来的无毒害、无污染以及可回收再利用的建筑材料。当前在国内许多绿色建筑工程建设领域，多使用到的建筑材料多为混凝土砌块、GRC 条板、预制轻钢龙骨内隔墙、纸面石膏板等，而这些均属于绿色建材的范畴。

（4）能源利用。当前使用最多的就是太阳能，同时也包括地热能与风能，这些均属于绿色能源。因此，在绿色建筑设计技术处理方面，应当更多地选择该类无污染、可再生的清洁能源。

（二）绿色建筑设计技术在工程中的应用

当前我国国内关于绿色建筑的规划、设计研究领域还处在初级发展阶段，但是总体上来看，绿色建筑的目标系统及其相应设计技术比较繁杂，基于其作为一项相对开放的生态系统，结合国际某著名旅游岛屿的成功经验，就关于绿色建筑设计技术的应用选择进行分类归纳总结。绿色设计要点主要包括以下两个方面：

1. 采光与照明。例如，东山岛是"国家级经济技术开发区""旅游经济开发区"。因此，在进一步开发旅游项目的过程中，节能环保应当处在一个首要的位置，这也是旅游产业得以发展的根本。在选用采光照明方面，应当选用 LED 信号系统、居住感应探头、光纤等。对于建筑外墙的设计，尽可能地使用绿色环保型的玻璃幕墙，并选用一些性能比较好、比较稳定的大面积透光玻璃，此举的目的在于节能，最大限度地吸收与利用光照明系统，其中所选用玻璃的遮阴系数设定为 0.3。

2. 建筑热桥设计与处理。对于旅游区域周边居民房屋的建造，即可采取热桥部位找平处理设计技术。例如外来游客住宿宾馆建筑物的建设，切忌铺张浪费，楼房高度尽可能控制在 3 ~ 4 层。

绿色建筑所提倡的是一种绿色生活方式、生活理念，并通过人文化的设计，让其成为一种生活生态、社会经济发展理念，这也与当前我国社会经济在转型发展时期所提倡的低碳经济方式相吻合。关于绿色建筑设计及其技术选择与应用，设计团队应当坚持以可持续发展为设计理念、基本出发点。在相应技术的选择应用领域，应当采用高新技术的分析优化设计手段。

二、数字化建筑设计中的适宜技术运用

适宜技术在设计构思阶段的考虑对整个项目最终的完成度起着至关重要的作用。技术手段的考虑并非限制方案设计的想象力，反而从问题出发、从实际的适宜技术出发往往会给设计更好的立足点和创新的机会。相反，我国目前设计行由于各种因素业往往出现设计与技术脱节的情况，由于技术工艺达不到设计要求临时变更施工做法的情况屡见不鲜。这里所说的并非技术至上的设计观，而是要求建筑师要有一个设计与建造的整体观，实现功能、形式和技术的统一。

（一）建筑复杂形体的易建性

建筑易建性指建筑物设计使建筑施工相对简易，一般具有三个原则：标准化、简易化、集成化。新加坡建筑部门曾强调"加强易建性设计，更易于现场施工，更有效地利用设计和施工资源，更有效地现场管理，更好地利用设计和施工资源，设计与现场更准确有效地沟通"。数字化设计方法有强大的功能和无限可能，例如，参数化建模及建筑性能适应性的生成方法，也看到了数字化设计所带来的形式解放，因此从工具的创新和形式的解放这两方面来看建筑形体的易建性的话，也可以从以下两方面来概括：

1. 利用数字化设计的工具优势

利用好数字化设计的工具优势，在传统欧式几何中由直线、折线等简单线性形体下最大化地挖掘数字化设计的优势。直线、折线这些元素易于材料的加工、施工的定位和其他操作，因此用直线来进行建筑的几何构型长期以来都是建筑师最为常用的手段。

随着计算机技术的发展，利用数字技术挖掘直线在几何构型中巨大的潜力。常见的有一种"折叠"的思想，这是一种源于德勒兹哲学思想中"褶子"的概念，在格雷戈·林恩的"折叠建筑"理论中得以发展。需要指出的是折叠的思想并不指向形式的直或曲，是一种思想上的"非线性"的生成过程，而非形式上的"非线性"结果，同时折叠也是结合建造的物化过程。

折纸就是一种常见简易折叠操作手段，通过各种手法将简单的平面材料组合成极具表现力的各种形体，并由于折叠使得材料具有较好的结构受力性能。由 FOA 设计的日本横滨国际码头就是一个很好的例子。这个项目中包含拓扑学、混沌理论、折叠理论等多种数字建筑中常用的理论，通过"系统发生"的理论指导建筑形体的形成，折形流线的形式在屋面、墙面、地面统一运用，仿佛一个大地景观。室内的结构的做法也是褶皱生成，并通过 Digital Project 辅助完成设计和施工。另外，利用参数化建模工具，以直线为表现元素，找到形体更有依据的出发点，例如从环境性能出发来设计，也是一个重要的途径。

2. 了解简化复杂曲面的适宜技术

充分了解简化复杂曲面的适宜技术，挖掘这些简化形式的表现力，在方案阶段选取适当的复杂形式。由于技术条件的限制，复杂自由的建筑形态往往会使建造成本和施工难度大幅度增加。于是往往会对设计之后的曲面进行优化，主要目标在于通过曲面的结构形态、几何形态以及单元构件的划分等方面进行较优解的比较和选择，降低复杂曲面的施工难度，降低时间成本和经济成本。虽然在全世界范围来看，对于材料的加工工艺已经能够达到几乎完美呈现非常复杂的建筑形体的水平，但是由于经济发展的原因这些技术和材料还并没有达到一个普及的程度，尤其在中国，总体的材料加工工艺、施工人员的技术水平等都还处在一个相对较低的状态。如果对适宜的施工技术没有很好的事先预计的话，很容易造成设计阶段与施工环节的严重脱节，临到施工方说不行的时候才来进行复杂形体的简化工作，导致最终完成效果不尽如人意。

因此，目前常用的优化处理方式及相应的施工技术有助于建筑在设计之初就对施工落成的状态有所控制，这对建筑师设计并处理复杂形体十分必要。建筑设计中曲面优化包括了几何形态优化、结构性能优化与环境性能优化。对于一个复杂的自由曲面，通常有以下三种做法：

第一，浇筑。模板拟合出曲面之后，用混凝土直接浇筑成型。

第二，布点拟合。利用相同单元复杂曲面网格定位点上的重复、忽略单元在模拟曲面过程中的间隙或者重叠来模拟出整个形体的形象。

第三，切线拟合。通过断面剖切，得到样条曲线，利用样条曲线之间的间隙来消化掉另外一个方向上的曲率变化，从而得到一个完整的复杂曲面形象，其中包含了"等高成形"的情况。另外有一种特殊的"直纹曲面"也归在这里讨论。

（1）建筑的"布点"。用相同的单元构件规律的布满曲面，这些标准单元构件不用完全无缝拼接，只是通过在曲面上的位置信息来组合完成曲面给人的整体印象。

例如，Future System 设计的 Selfridges 百货大楼，建筑整体是一个自由曲面形体，在外表布满圆形铝制构件之前的表面并不十分平滑，但正是这些铝制圆盘之间的间隙消化掉视觉上的不平滑之处的曲面变化，最终的整体效果就很流畅。可以看出这一类拟合复杂曲面的特点在于，利用相同单元复杂曲面网格定位点上的重复、忽略单元在模拟曲面过程中的间断或者重叠现象来模拟出整个形体的形象。如果不追求曲面的顺滑效果，用相同的原理也可以用更简易的技术来得到另外不一样的效果。例如，加利福尼亚科学研究院的室内吊顶的设计，在曲面屋顶之下，用相同的方形面板在不同点位的安装定位表现出一种有肌理感的曲面天花效果。

日本建筑师隈研吾在四川成都设计的新津知博物馆是一座道教博物馆。建筑为顺应水池和一侧高起来的路面，在它们之间找到一种轻松的关系，对一个立面进行扭转形成一个曲面效果，曲面母线由金属丝张拉而成，在曲面上采用了当地传统工艺制程的瓦片挂在金属丝上，用瓦片在曲面上的点式的布置来形成了一个如同轻盈丝布的曲面将整个建筑包裹起来，"形成暧昧、含蓄的立面表情"。

隈研吾是一个善于运用适宜技术来进行建筑创作的设计师，像他设计的长城下的竹屋及这个道教博物馆都是尽量运用本地的材料并且全面考虑了当地的施工水平下创造性地赋予材料新的生命。既然难以控制施工的最终质量，何不干脆将计就计，思考如何整体设计出简单的节点。有时反而施工技术的不完美促成不依赖技术，而是依靠材料本身肌理的细部设计的新手法。

（2）建筑的"切线"。通过断面的剖切，得到剖切的线，利用样条曲线之间的间隙在视觉上来消化掉另外一个方向上的曲率变化，从而得到一个完整的复杂曲面形象。实际上针对曲面剖切得到的就是剖切线，针对体积得到的就是剖切面，为了便于表达，这里统一放在"切线"这一类来阐述。另外有一种特殊的"直纹曲面"也归在这里讨论，也就是剖切的结构线都是直线，因直纹曲面的易建性也常常被建筑师使用。

第一，单向剖切。单向剖切最常见的就是用一个方向的剖切线来分层叠合成一个复杂的整体形象。比较简单的例子是上海环贸商场的室内吊顶，用一个方向的切片条板来组合出了一个个自由的椭球形的形象，在椭球形位置片板的缝隙中透出点点灯光，营造出梦幻的效果，利用商业氛围的营造。另外，华南理工大学建筑学院数字化营造工作坊的"曲墙"项目，引导学生理解形式到建造之间的设计转换，"曲墙"根据凡·艾克雕塑馆生成的曲面，然后把光滑曲墙通过切片的方式变成"等高线墙"，再利用数控机床进行后续加工。

在单向线性元素拟合曲面的做法中，还有一类比较接近与面板拟合，即在平行于剖切线的方向增加了"线"宽度。例如ZAHA设计的伦敦跳水馆，整体形象是一个流动飘逸的曲面结构，在对其进行拟合的时候就是采用了水平带状的做法，属于一种条板系统，即用条板形成的连续带来包裹复杂形体，通过带间缝隙来消解曲面的不连续性。当这种"剖切面"的尺度扩大到以层高计算的时候，也就是许多数字化建筑常用的手段，利用每层楼板的变化来得到整个复杂的建筑体量，例如MAD的梦露大厦，通过每一层楼板的扭转，得到富有动感的建筑体量。

第二，双向交叉。通过两个方向的结构线交叉形成网状框架，这一类框架通常是作为曲面形体的结构框架。比较典型的案例有巴尔蒙德与西扎合作设计的伦敦肯辛顿公园蛇形画廊以及迈耶设计的西班牙塞维利亚德拉恩卡纳西翁广场重建项目——都市阳伞。这些网格结构交叉节点往往通过榫卯结构来完成，这样可以用短构件去实现大跨度的结构体系。巴尔蒙德将原先的木井格梁打散，利用榫卯结构的传力性能实现了复杂曲面的建构。

第三，直纹曲面的运用。直纹曲面是由直线在空间中连续移动变化得到的，这条直线就叫作直纹。正是由于曲面容易用具有易建性的直线构件来形成，因此非常受到建筑师的青睐。

例如，卡拉特拉瓦在西班牙设计的 YSIOS 酿酒厂，利用直线构件的连续翻转得到波形动感的屋顶曲面；还有矶崎新设计的深圳图书馆的外立面，一组直线在屋顶是处在一条平直的线上，接地处则成曲线布置，于是得到了富有变化的立面形象。

从上述例子可以看出这种直纹曲面的运用可以很好地表现出接近曲面特征。当然也有的设计并不追求曲面的平滑，而是利用这种用直线排列形成的韵律所特有的表现力来进行建筑创作。

例如，华南理工大学建筑设计院设计的广州亚运会跳水馆及北京奥运会摔跤馆。这两个体育场馆都并没有刻意追求屋面的复杂曲面效果，而是从更实际建造的角度出发，选择施工技术相对较小的形式。并且将重点放在了建筑对环境的适应性上，利用这些桁架结构起伏变化之间产生的高差空隙来研究建筑采光通风的生态性能。是适宜技术运用的很好的例子。

（3）建筑的"嵌面"。有的复杂形体的设计希望最终呈现出来的曲面效果是一种比较光滑的状态。虽然数字建造技术目前已经完全有能力加工并完成十分光滑的曲面，对玻璃也能加工成曲面玻璃。但是这些做法目前对技术的要求相对较高，材料及加工费用也很昂贵。

在建造成本有限或者当地施工工艺有限的情况下，往往会采用优化曲面，需要借助相应的软件对大面积的曲面进行合理的划分，使复杂曲面构件化，然后小块面板进行数控加工、编号、拼接。

通常都会是在结构完整的骨架上，用面板的拼接来完成整个形体的表面拟合。在拟合的过程中一般有两种情况：第一，根据"可展曲面"原理、利用具有一定弯曲能力的金属材料进行拟合；第二，根据"多边形离散曲面"原理，将曲面"拍平"之后用三角形或者四边形去拟合曲面。

1）可展开单元拟合。"可展曲面"是指不拉伸和断裂而能完全摊开到平面的曲面。也意味着可以通过弯曲扭转一个平面来得到可展曲面。实际上可展曲面是直纹曲面中的一种。一个复杂自由曲面可以通过若干可展开单元面来进行拟合。可展曲面在建筑中最大意义在于可以利用金属板材可弯曲的特性来对曲面进行更好地拟合。弗兰克·盖里在设计中大量使用这种方法，例如毕尔巴鄂古根海姆博物馆、迪士尼音乐厅等。但是这类方法对于中国绝大部分地区来说技术成本还是比较高。设计阶段需要借助计算机完成大量的曲面优化的工作，相关的技术在国内运用还并不多。MAD 设计的哈尔滨木雕博物馆同样也是利用了金属材料的可弯性来拟合整个建筑的曲面。

2）二维多边形单元拟合。这种用二维多边形拟合复杂曲面的结果叫作"离散曲面"。常见"嵌面"形式的有四边形面板和三角面板两种，也有设计师探索利用五边形和六边形来拟合自由曲面。这也就是所谓的"拍平"的过程。例如，纽约 Vito Acconci 设计的奥地利格拉茨穆尔河之岛水上剧院，外形如同贝壳的形体通过三角划分最后用玻璃面板较好地拟合出来。

对于曲面相对简单、完整的形体，这种嵌面的方式还比较容易实现。但是一旦曲面过于复杂，曲率变化过大时，这种方式对施工的要求是非常高的，从划分曲面、优化曲面分析的计算机技术到材料加工、定位和安装等方面难度都比较大。例如，扎哈·哈迪德设计的广州歌剧院，以"圆润双砾"——两块珠江边被水冲刷形成的石头——设计概念，平面的三角形石材面板去拼合石头的复杂曲面，由于形体转折面过多，局部地方曲率过大，加上当地的施工方从来没有接触过如此复杂的施工，施工水平达不到应有的要求，因此最后呈现的结果不尽如人意，石材拼贴缝隙过大，使用不久幕墙出现脱落、室内漏水等问题。英国的《每日电讯报》也在一篇文章中针对广州歌剧院出现的问题，批评了高速建设下建筑师不能控制好建筑技术的可行性和完成度，仅仅将重心停留在形式的现象上。

上述关于曲面的建构知识还不完善，其他还有关于曲面结构框架的建造及曲面分析方法等问题都是非常复杂、需要专业人员完成的。因此可以看出数字化建筑的发展使得复杂形体的建造越来越专业化，分工越来越细。所以本书讨论的适宜技术的范围来说，在设计方案时一定要慎重考虑是否一定做这么复杂的必要，同时结合适宜技术选择适当的简化方法也是非常重要的。

综上所述，不管是"布点""切线"还是"嵌面"都是对复杂曲面的拟合，将曲面有理化的划分，在"使构件尽量简单"和"使简化后与原始复杂形体的差异尽量小"之间寻求平衡。当这些"点""线""面"拟合要素的相对尺寸变大时，与曲面的差异就变大，但是对构件的加工和装配会更简单，在这方面再为极端点的话也就成了前文所说的直线表现了，即不是以表现曲面为目的，而是挖掘相应的易建的简化形式的几何表现力。

因此，需要根据不同项目的具体需要和资金状况来选择适宜的技术来表现复杂形体，这需要在方案阶段就对不同拟合手段进行技术分析与选择，同时需要建筑师在复杂形体简化的过程中充分挖掘这些易建性形体的表现力。

（二）建筑复杂表皮的易建性

1. 数字化表皮设计

随着建筑结构技术的发展，维护体系逐渐从支撑结构中脱离出来，成为一个独立表达的对象。进入信息时代，高度发达的信息传媒技术使得"视觉文化"日益强势，对于表皮的追求逐渐进入一种"图像化"的误区。同时，结构技术与计算机技术的进一步发展，结构和表皮又一次结合到一起，即结构逐渐表皮化，或者说表皮结构化。

可以说，建筑表皮是建筑外部形态的直接表现，实际上前文所述复杂形体的拟合方法也无一不是建筑表皮的做法。介于篇幅的原因这里只总结了当前出现频率较高的、并且适宜技术条件下容易实现的一种复杂表皮的现象，即表皮的"连续差异性"，这是当前数字化设计中的一个重要特征。

参数化脚本工具使得表皮的动态渐变得以很好的控制，一方面打破一般建筑中均质网格的单调，另一方面通过数字化技术的控制可以将环境分析（包括景观视线、通风采光等）介入到表皮生成的过程中。参数化建模软件的逐渐普及让这种渐变表皮设计变得简单，一种表皮的做法"写"好之后，很容易就运用到别的项目和方案中。这正好迎合了中国许多业主对建筑设计"又新又快"的需求。

2. 复杂表皮易建性分析

对于"连续渐变"的复杂表皮，其构件的不标准性往往会极大提高工程的造价。尤其是在形体本身就复杂的情况下更是对材料加工和安装的要求非常高。如果考虑到施工技术较低的情况，往往会只在简单平面上做复杂表皮，并对其进行简化。常见的通常有两种方式：一是构件单元本身几何形态的逐级变化；二是相同构件单元的定位变化。

（1）逐级变化。在人工控制渐变性和组件的组合及变化规律的过程中可以控制组件的变化幅度，用逐级渐变来代替连续渐变。从以下三个案例进行分析：

第一，MAD 设计的超高层建筑中钢大厦，方正的立面被均质六边形网格铺满，然后通过六种大小不同的窗洞组合得到整体流畅的渐变纹理。需要指出的是，这些变化规律也是基于一定的功能和环境因素而得到，例如考虑不同区域太阳辐射的需求，窗洞面积在酒店区较大、办公区适中、设备区最小；另外还做了气流分析，调整得到相对合理的肌理分布形态。

第二，都市实践设计的深圳南方科技大学图书馆的表皮。实际上这个方案的亮点和特色并非其表皮的设计，而是内部公共空间的营造，只是在这里作为用适宜技术来表现复杂表皮的一个案例。

建筑的外立面采用长方体模块堆叠的形式，模块的深度屏蔽了直射的阳光并使之折射后成为阅览室中均匀、柔和的光线。随室内功能不同、朝向不同、对采光要求的不同模块的开窗尺寸和角度上也有微妙变化。

设计者实地调研对于立面效果的感受很不错。统一中富有变化，不同构件的种类并不多，但是整体上还是有令人愉悦的渐变效果。精彩的公共空间的设计可以说明建筑师并不是像如今国内设计常有的那样用复杂的表皮去掩饰拙劣的室内空间的建筑。同时表皮的设计也并非仅仅停留在图案化的处理上，而是综合考虑了采光、视线、经济性等多方面的因素。

第三，HHD 设计的天津于家堡工程指挥中心，同样也是根据不同功能房间对采光要求的差异，通过一段脚本将立面的采光信息转化成一个曲面，这个曲面上每一个点的高低对应着该采光点采光率的高低，因此立面构件应满足其所在位置的采光要求。立面构件被设计成一系列的以旋转为逻辑改变采光率的几何构件。同时为了简化施工，只用了 6 种不同的构件单元有规律地组合排布在 4.2m × 4.2m 的方格网中，并在通过计算机在施工图纸上各个构件进行编号，以便安装工人准确施工。

（2）单元的组合。另外一类复杂曲面的构建方式是利用相同的单元在排列中的位置或者角度的不同而产生的渐变效果。例如，同济大学的袁烽教授的"绸墙"项目。这是一个老工厂改造成建筑设计工作室的项目。设计为了回应原有化纤厂的场地感知，希望用砌块做出织物般柔软的意向来，材料选用的是在中国农村和工业厂区中非常常见的混凝土砌块。方法是用具有丝绸质感的图片，用 Processing 软件中的"曲线干扰"方法，将灰度转译成砌块的旋转角度。针对砌块旋转角度进行系统迭代优化，将连续的角度变化简化为 12 种角度，为了方便工人用低技的手段来实现数字化建造，他们设计 6 块砌筑模板（正反一共 12 种角度），通过旋转角度向模板的转化在现场指导工匠进行操作，使得建筑效果得到较好的控制。最终通过这么一种低技的手段基本实现最初的想法，对其进行调研，远观的效果非常明显地体现了绸墙的柔软褶皱效果，绸墙内的景色随着砌块角度的变化透过半透明的外墙若隐若现。由此，在中国这个特殊语境下的"低技数字化建造"的策略，建筑师能脱离机械设备所带来的局限和束缚，通过特定的建造工具来完成数字化设计语言的转译。

（三）数字化建筑几何逻辑建构

1.建筑设计几何逻辑

如今建筑进入数字化时代，建筑设计的复杂性极大地增加，这种情况下传统的几何逻辑思维已经无法适应建筑师的工作要求，而数字化技术的发展对从建筑设计方法到建筑形式都产生巨大的影响。借助数字化技术工具和计算机强大的计算能力让许多传统建筑领域无法实现的复杂建筑形体得以实现。

同时以混沌、分形等为特点的复杂科学理论不断向建筑学渗透，建筑学在几何形式上越来越呈现出非线性的发展趋势。在这个数字化语境下，建筑形体的建构正在从传统几何控制方法走向参数化几何逻辑建构。数字时代的重要设计思想在于用复杂几何而非简单几何来描述生成机制，用逻辑关系而非笛卡儿坐标体系来完成对几何体的描述。

2. 建筑设计几何生成逻辑

设计师经常会用设计图解来清晰地表达设计生成的思路，在数字化设计的语境下，一个清晰易读的几何逻辑会极大地减小后期设计实现的难度，因为生成逻辑不但能把建筑的空间关系、营造方式以图解的形式传达给下一步的施工人员，而且更重要的是直接完场建造的工人能够按自己的经验通过易读的逻辑进行建造，从而消除建筑师与施工人员由于行业不同引发的交流困难。王振飞在文章《参数化设计的本土化低技策略》中提出策略之一"让建造者了解生成的逻辑"讲的就是在考虑本土施工条件的情况下，使用易读的生成逻辑来完成数字化建造的过程。

"植入计划"项目是 HHD 为上海电子艺术节所做的艺术装置作品。在设计上使用了分形几何的方法，在立面上对三角形进行了分形迭代来得到最终的效果。具体分形规则如下：

第一，连接三角形定点及对边中点，取三角形重心。

第二，将重心延垂直于三角形平面方向向上移动 12 厘米得到点 A。

第三，连接点 A 和原三角形三个顶点得到三个新的三角形。

第四，取其中两个三角形重复步骤 1，2，3，4。

第五，满足以下条件之一则分形停止：①所得的三角形面积小于某特定值；②所得的三角形最小角度小于某特定值。

建筑师在建造过程中由于身处荷兰无法在现场指导工人拼接分形构件，如果每一块三角形都全部由工人人工操作，在现实的施工条件下很容易产生误差并造成误差积累从而影响最终工程的完成度。最终建筑师采取的策略是直接将分形的逻辑规则详细描述给工人，让工人直接按 1：1 的比例以上述规则在国内的工厂直接放线，现场进行分形制造。

（四）有意义的建筑环境性能

数字化设计在建筑适应性上有极大优势，适宜技术除了指建筑施工技术以外，也包括数字设计技术，当前中国的大部分设计团队的软件使用水平都还不高，因此一些有益的数字化设计手段也存在一个设计人员的人工成本的问题。

例如，BIM 软件的使用在实际推行过程中还是受到很大的阻力，首先是传统设计工具对设计人员的黏度非常高，能用自己熟悉的方法解决的问题通常不愿意再学新的方法去解决，另外很多时候项目没有过多的时间去让设计人员慢慢熟悉软件。但是对于设计上技术的提高是建筑师应该有的责任，尤其是年轻建筑师更需要不断提高自己的业务水平才能推动整个行业的进步。因此在阐述适宜技术的时候，就将设计技术上的困难先忽略。而本书的重点也不在具体如何运用这些数字技术上，而是表达适宜技术运用的观点和一些方法上的可能。

用高级的数字设计技术是让设计的生成更具有逻辑性，更有说服力，并一定指向高级的建造技术。基于参数化建模技术、从有意义的环境性能出发，用适宜的技术落地，也不失为一种设计策略。这里的环境包括了人流环境、物理环境以及政策环境等多维度的考虑。王振飞在贝尔拉格学院的"参数化新江南水乡"的研究就是一个"高设计手段、低形式落点"的很好的例子，他们利用参数化设计思维在生成机制上充分考虑日照、容积率、交通等多方面的参数，最终生成一个有机的居住聚落。在设计之初就进行大量关于江南民居和聚落的研究，包括当地规划规范、住宅市场以及气候特征等多方面环境研究。

单体住宅的几何逻辑是一个角部有缺口的可变角度的 L 形，可变角度使其具有灵活性，为下一级嵌套做准备，产生涌现的效果。住宅的层数由统一院落内及相邻院落内的单体住宅相互作用而定，决定因素是经过精确计算后的大寒日日照时数，由此保证其高密度的可实施性。

（五）建筑材料的性能

如今，前沿的建筑技术已经领先，从建造手段上的机器人装配、3D 打印到新兴建筑材料的出现，都预示着一个新的数字化范式的到来。如今，绝大多数国内的设计师都在经历着从传统到新工具方法使用转变期的阶段。设计当中总还是愿意赋予材料不同的情感以及材料所传达的优雅和特性，而这可以通过一种数字化工具来得到实现。这正是强调在这个转型期，建筑师对材料性能的回归的重要性。

数字化媒介与工具的运用促进了建筑抽象化趋势，但这反过来又似乎带有补偿性地激发了关注建筑材料本质的回归。不管是"数字建构"还是"数字建造"，其本质都是指向建筑的物性。因此，建筑师对材料性能的敏感，是建筑学从工程学脱离之后依然保留着的抵达建筑之物性的方式。从材料的性能出发也是适宜技术的一个重要途径。下面从不同材料的角度分别举例。

1. 木材材料

木材作为一种传统建筑材料，通过榫卯互承将木材的受力性能发挥到极致。中国古建筑屋顶架构通过斗拱的榫卯结构，实现木结构的层层出挑；古代的桥梁也有通过木材的相互支撑实现大跨度的木拱结构。在数字化建筑时代，可以借助计算机对材料性能精确分析和计算，指导人们用木材完成精美的建构。

例如，德国斯图加特大学的以"材料有能力计算"为主题的运用木材的数字化建造研究。这是非常值得学习的以材料性能为基础的设计方法。同时，也应该挖掘传统建造对木材的运用中体现的其对木材力学性能表现的智慧，并从中获取创意的灵感运用在当代建筑实践中。例如，王澍、陆文宇、柏庭卫等人在第 12 届威尼斯建筑双年展上合作设计的"衰变的穹顶"，运用中国传统建筑中木材的搭接形式来重新演绎作为西方建筑标志的穹顶。另外，日本建筑师隈研吾也是将传统的木构技术与现代建筑结合的高手。他在爱知县 GC 口腔科学博物馆的设计中，结构理念来自日本传统木质玩具"刺果"。用6000 根木材单元通过这种结构的不断重复延展出一个连续内部空间。设计过程融入数字化设计方法，对传统木构节点进行形式的提取和转译，在参数化建模工具中不断调整形态，并进行结构验算，最后运用数控技术完成加工和建造。这个设计通过对传统木结构的提炼，很好地表现了木结构之美，并充满了地域特色。

2. 砌块材料

如果"绸墙"的肌理变化是出于个人主观的美学认知，只是利用适宜技术完成数字化设计的建造的话，那么另外一个砖构实验项目——Utility yard Novatis Shanghai Campus，则是体现砖的结构性能。设计使用结构有限元分析的方法，通过计算机分析把结构机理变化中所承载的结构比例，转化成了通过拉接性能来得到产生的砖构形式。换言之，就是结构分析在方案之前指导立面生成，而不是在方案之后来评估。

3. 混凝土材料

从材料性能逻辑出发也就是找到材料"想要成为的样子"，木材欲成为楣梁框架，石头欲成为拱，这些都是从材料自身固有的力学特征和建造逻辑出发的。混凝土是以作为胶凝材料的水泥添加作为骨料的砂石混合而成的材料。砂、石材料自古便应用于砌筑结构，不难想见，混凝土材料的独特性更多来自水泥。

在"模板逻辑"上，随着制造业的先进技术不断引入建筑学，模板制作逐渐自由，如今已可以通过数控建造技术制造任意形状的模板；在"钢筋逻辑"上，"静力学图解时代"到"力学建构时代"，再到如今"结构生形时代"，混凝土内部力学性能逐渐显性化并在计算机辅助下得到了充分的挖掘，极大地丰富了混凝土的塑形表现力。

　　与此同时，随着混凝土 3D 打印技术的深入研究和实践，也预示着混凝土在塑形逻辑上的新一轮突破的到来。回到适宜技术的视野中，这些高技的探索并不能应对所有地域的建造活动，例如自由模板的建造、混凝土 3D 打印技术等等都还不具备普适性。因此，从适宜技术的视野来举几个从混凝土塑性形性能逻辑出发的设计。

　　例如，日本建筑师西泽立卫的丰岛美术馆。建筑以"水滴"为设计灵感，希望建筑尽可能地低下来并且延伸开来。在结构工程师佐佐木的协作下决定用高 4m，厚 200mm 的混凝土壳体来实现。这是一个"高技"的工程，第一体现在其结构设计上，用专门的结构优化软件对壳体的应力分布以及钢筋的布置进行了优化；其次在日本混凝土本身的施工工艺也是非常成熟的。没有这些前提这个纯粹优雅的"水滴"也不可能实现。但是可以从中学习其"低技"运用的一面。西泽在一次采访中介绍了他的土堆模型的做法，"用工程中挖出来的土堆成小山，并在此型基础上，在上面铺设钢筋浇筑混凝土，在完成混凝土之后再把里面的土挖出来，就形成了内部空间，这是一种非常原始的施工方法——简直就像是建造大佛时的模型一样"。这正是巧妙地利用混凝土的流质性能，用土堆模型这种非常原始的方法将其性能充分发掘。

　　又如，另一位年轻日本建筑师石上纯也也有类似的做法。在最近的一个住宅设计中，利用混凝土的塑形创造"洞穴"的住宅。先用计算机设计出预想的空间形式，然后用土堆挖出零散的洞穴，形成混凝土的"模板"，接着将混凝土注入其中，利用其流动性将洞填满，最后待塑造成型时再将土挖走。也就是，先用"实"的土堆来完成"虚"空间形态，再用"实"的混凝土填满土堆将原先的"虚"空间变成最后的"实体"，巧妙地实现空间的"正负转换"。通过这样一体成型的塑造，天花、墙体连成一个有机的整体，从设计室内模型照片中人们可以感受到住宅室内流动的、丰富的空间。同时从照片上看，模型的表面保留原始的由土堆模型留下的质感，不知道是否会在最终得到表现。据说现在已经开始施工，期待完工后的效果。

　　国内的袁烽教授也在数字化建筑设计实践中非常重视混凝土的材料性能。在五维空间的"茶室"实践中，建筑空间试图获得对环境空间的最大互动以及建筑性能的形式驱动，通过对场地保留的一棵树的树干、树枝以及树冠的视觉感受来展开整个设计。楼梯处为一个三维异形体，这里也是运用直纹曲面在数字化造型中的做法，建筑师先在 Rhino 中将曲面扫略过的多根结构骨架线进行提取，使得曲面形式通过相互交错的直线进行概括。然后根据木模板的尺寸等分直线以实现曲面拟合，这样，数字化就转化为手工可控制的形态。最终模板布置和手工浇筑都产生一定的造型误差，但这也是一次适宜技术与数字化设计相结合的很好的尝试。

4. 金属材料

通过"弓棚"概念设计对金属材料进行说明。"弓棚"是一个装置设计的竞赛，设计师在材料运用上为避免复杂的三维加工工艺，利用薄的平面铝板弯曲之后形成类似弓箭的预应力结构单元，其强度和刚度大大提高；利用直线作为控制线，使得整体形态的控制性大大提高；结构受力机理在整体上是由格构式的扭面梁提供的，在曲面梁的平面外则依靠铝条宽度方向提供刚度；结构的整体稳定性是由面的扭曲与三个大面在空间两两相连在断面上形成三角形来提供的；直铝条由于有预拉应力而得到了应力刚化，弧铝条则由于弯曲而稳定性大大提高。插接节点区域，由于开槽处铝条对其贴近处铝条的平面外约束，实现在插接节点附近参与插接的铝条都被有效约束，节点受力性能大大提高。这样材料加工只需要 CNC 平面切割，工艺简单，节点采用简单的插接形式，由于材料用的铝条厚度较小（2mm），使得插接构造更加简单，通过材料的性能逻辑出发，节约了造价。

以上可以看到在设计构思阶段对材料性能的考虑既是为找到经济合理的建筑形式，同时能赋予材料真实性的表达，增强建筑设计的表现力。同时也感到这些看似简单低技的适宜技术，似乎对于许多长期做纸上建筑或者为了工作的高效，只做最普通常见的建筑形式的设计师而言也并不"低技"。

国内的建筑教育长期与建构及材料的脱节导致了建筑师对材料的敏感度越来越弱。因此这也需要建筑师通过长期的实践增强对建筑物性的理解，才能真正从材料的性能逻辑出发，利用好数字化设计手段，做出具有创意同时也能很好地"落地"的建筑作品来。

第二节　建筑工程项目设计管理体系优化

随着社会的不断发展与进步，建筑工程项目规模日趋庞大，建筑设计也越来越变成一项非常复杂、综合性的工作，传统的粗放型的设计管理模式已难以适应项目的发展需要。同时，随着我国建筑业对外的不断开放，更多的国外公司参与到国内建筑设计项目的招标中，而我国由于建筑设计单位的管理体制不够健全、管理水平不高等问题，国内设计单位中标率急速下降，国内建筑设计机构竞争力变弱，整个行业前景不容乐观。

为提高我国建筑工程设计行业的水平，需要加强建筑工程的设计管理。建筑工程设计管理是指导设计单位进行科学、高效设计工作的重要手段，这不仅是设计单位自身发展的需要，也是我国建筑业发展和完善的需要。

结合我国建筑工程设计管理在项目层面和企业层面的现状，按照从低到高的层次，依次从项目管理、组织管理、战略管理三个层次构建建筑工程设计管理体系。

在项目层面，建筑工程设计管理的主要步骤有设计进度控制、质量控制、成本控制、风险管理、安全管理、合同管理、信息管理和组织协调，即"三控四管一协调"。通过前文有关建筑工程设计项目层面现存问题的分析，为实现建筑工程设计项目的任务，需要从设计流程、管理过程、目标控制、管理手段等方面采取优化措施，以更好地实现建筑工程设计管理的目标。

在企业层面，建筑工程设计管理包括对企业组织管理和战略管理两方面。企业的组织管理一方面是对企业组织结构的优化；另一方面也是对企业管理制度的完善，要加强企业内部沟通管理，实施项目经理责任制，建立激励机制，提升员工专业素养，落实岗位职责。企业的发展战略是对企业未来发展的一种规划，我国建筑工程设计企业应从企业创新、竞争力、竞争策略、设计意识和品牌等方面采取措施，以提高设计管理水平，实现企业的可持续发展。

一、建筑工程项目层面优化措施

优化项目层面的建筑工程设计管理，需要建立标准化的设计流程，实施动态化的管理过程，进行精细化的目标控制，采用科学化的管理手段。

（一）管理设计流程标准化

设计项目的流程管理也称程序管理，可以对项目的实施全程进行调节和监督，从而确保项目的进度。项目设计的步骤和流程要根据项目自身的属性和特点量身定制，因此，不同设计项目的设计程序可能各不相同。

接到项目后，先要充分了解这个项目的主要意图和特殊之处，在这个基础上才能设计出合理的流程步骤。

一般情况下，建筑工程项目设计管理流程分为七步，分别是设计前期、规划设计、方案设计、初步设计、施工图设计、园林设计以及现场配合。设计方法是多种多样的，即便是面对同一个设计项目，不同的设计理念也会产生多种设计流程，不同的设计流程又直接影响到项目能否顺利实施，所以需要在设计前期对各种设计流程进行选择，选出最高效、最合理、最方便的设计流程。在确定设计流程之后，还要在项目实施的全部过程中对其进行监督，以便做出相应的调整措施。

流程标准化即是以设计项目流程为基础，通过制定一系列的程序、方法和管理规范，对设计的操作和行为进行事前、事中的控制，并随时进行监督，根据设计目标，不断纠正设计所出现偏差的动态过程和机制。简单来讲就是，设计出项目实施的流程、规范和标准，同时进行监督和控制，保证设计活动按设定好的流程进行。流程标准化的核心内容是对设计流程中的关键点细化和量化。因此，流程标准化是流程管理的基础，对设计项目有着重要的作用：第一，保证项目设计朝预期目标发展；第二，提高项目设计的可行性和实际效率；第三，确保项目设计的最终达成效果。由此可见，对设计项目的流程执行标准化管理是做好设计项目管理的重要内容。

（二）管理设计过程动态化

建筑工程设计项目管理是一个不断循环修正设计中出现的问题的过程。首先，要对建筑工程设计项目进行相应的策划，并编制设计方案；其次，按照方案进行初步设计和施工图设计；再次，会审初步形成的设计图纸，检查是否存在问题；最后，根据会审结果对设计图纸进行相应的修正，进行最终的设计交底。设计交底并不代表设计管理的结束，因为建筑工程施工过程中，还会发现相应的设计问题，或者是需要变更的地方，还需要针对相应的问题进行不断更改修正。

由此可见，建筑工程设计管理的整个过程实质上是一个动态的 PDCA 循环的过程。建筑工程设计项目不同阶段的管理都是一个动态变化的过程，初步设计、方案设计和施工图设计是设计项目中最重要的内容，而这三个阶段的设计也都不是一蹴而就的，每阶段的设计成果都要经过反复地检查、修正，结合 PDCA 原理对设计过程实施动态化管理，以确保建筑工程的设计质量。

（三）管理目标控制精细化

1. 进度控制方面

在进度控制方面，为了按照设计合同所要求的工期提交设计文件，设计单位需要进行有效进度控制，保证设计进度能够满足合同的以下要求：

（1）设置进度计划的管控部门。通过建立进度计划的管控部门，组织编制设计单位的进度计划，并建立相应的进度考核制度。

（2）进度计划应切实可行。编制进度计划的职能部门应保证计划的可行性，因此在编制计划时，应充分与业主、监理单位、承包商等进行协商，从而保证设计总进度计划、阶段性计划和作业计划的可行性。

（3）严格执行设计进度计划。在设计进度计划的指引下，设计部门应严格按照计划执行相应的设计任务，保证设计工作合理进行，同时要定期检查计划的执行情况，发生偏差时要及时调整，使设计工作始终处于可控状态。

2. 质量控制方面

在质量控制方面，对于建筑设计过程中容易出现的问题，应采取以下措施：

（1）定期举行质量分析会。设计人员在进行建筑工程设计时，针对出现质量问题的地方应进行记录，在质量分析会上与其他设计人员交流，以引起其他设计人员的重视，在设计活动中达到事前预防的目的。

（2）严格设计质量管理。建筑工程设计质量控制，一定要赶在萌芽状态前消灭设计过程中的质量、安全隐患，决不能将不合格的图纸出图并交付施工使用。

（3）加强规范标准的学习。针对建筑工程设计有关的强制性标准条文、设计规范、技术措施等，要组织有关设计人员参加培训学习，尤其是新参加工作的设计人员。

（4）建立严格审核制度。设计单位应健全审、校设计质量责任制，提高建筑工程设计审核人、校对人的质量意识，督促其切实负责，严格把好设计质量关。

3. 成本控制方面

在成本控制方面，建筑设计单位要结合设计程序的特点，开展多角度、多层次、全方位的成本管理，将成本控制理念贯彻到所有设计人员日常工作中。

（1）强化预算的控制作用。根据成本分析的结果合理编制预算计划，是提高建筑工程设计项目成本控制管理的重要手段，通过预算合理安排设计项目的成本支出内容与计划，可以从源头上控制好设计项目的成本。

（2）完善成本分析工作。做好建筑工程设计项目的成本分析工作，是提高成本控制的基础。成本分析工作应遵循综合全面、涵盖全程、兼顾重点及动态分析等原则，汇总收集设计项目所用成本核算资料，采用对比分析法、相关分析法、因素分析法等，详细分析建筑工程设计项目的主要成本支出内容，以提高成本控制的效果。

（3）制订全局性成本控制计划。首先，要提高员工尤其是管理层的成本控制意识，高度重视影响建筑工程设计成本控制的不利因素，并据此做出全局性的成本控制管理计划。同时，优化资源配置，用最小的人力和物资消耗创造出令业主满意的产品，在高效实现设计目标的情况下获得良好的综合效益。

（四）管理设计方法科学化

1. 信息管理方面

在信息管理方面，随着建筑工程设计项目的日益复杂化，良好的信息管理能力对于建筑工程设计项目的管控具有重要意义，做好建筑工程设计项目的信息管理工作需要从以下方面入手：

（1）强化文档管理。建筑工程设计项目的文档资料非常多，要加强文档资料的统一管理，方便日后的利用。

（2）重视设计的变更管理。由于建筑工程施工阶段发生的变更会引起设计的变更，因此要重视设计变更部分的内，及时将有关变更信息整理汇总，并传达至有关责任人。

（3）搭建信息化管理平台。通过硬件与软件相结合的方法，将建筑工程设计过程中的信息存储于平台之上，并建立相应的制度规范管理与传递建筑设计信息，保证信息的准确与及时。

（4）重视设计信息的安全性。由于计算机的广泛应用，很多重要的信息都存在于计算中，一旦发生错误与丢失，后果不堪设想。

2.合同管理方面

在合同管理方面，建筑工程设计管理要做好合同的交底、合同管理人员的培训、合同执行过程中的监管等工作内容。

（1）合同交底。首先，合同的管理和谈判人员必须向项目经理及项目设计负责人进行合同交底；其次，项目经理、设计负责人应向设计团队进行合同交底；再次，有关人员应该向合同负责人员如实反映合同交底情况，并且要对合同相关内容进行下一步的修正；最后形成合同管理文件，下发给全体执行人员，并全程指导活动的进程。

（2）对合同管理人员、合同负责人员进行集体培训和考查。因为合同质量直接受合同负责人员的业务能力水平的影响，因此，要通过培训和考核提高合同管理人员的业务能力和工作水平，与此同时，要建立健全完善的奖惩机制，增强合同管理人员的责任心和使命感，从而进一步提高合同管理工作的整体水平。

（3）建立健全合同执行过程的监管机制。有效的监管机制可以及时发现和解决履约过程中出现的问题，从而减少违约行为的发生，对于那些周期长、费用高、技术复杂的设计项目效果尤为明显。此外，通过监管机制还可以有效监控整个设计流程，消除设计单位收费延迟等问题，从而降低设计单位的经营风险。

3.安全管理方面

在安全管理方面，要针对设计工作安全生产的三个方面加强平时的检查，并制定预案。

（1）设计工具的安全管理，设计企业要有专业人员对计算机硬件、软件、网络进行管理，配置好杀毒软件，企业公用硬盘等工具，确保设计软件和成果时刻受到保护。

（2）设计环境的安全管理，设计企业要对员工进行防火安全教育，平时注意电气线路安全，下班时要关闭所有电气设备，还要配置消防器材，如手提灭火器、安全锤等，一旦发生火灾，可先期自救。

（3）配合施工的安全管理，设计人员在进入工地前要戴上安全帽和手电，了解道路情况，在施工人员带领下进入工地，并注意不要靠近护栏和基坑等危险部位。做到以上这些，才能基本符合设计安全管理的要求。

4. 风险管理方面

在风险管理方面，建筑工程设计项目的风险应对可以采用风险规避、控制、预防、转移和自留等措施。

（1）风险规避。通过拒绝从事有责任风险的活动而达到避免风险的目的，即总负责人尽量选择低风险的设计项目和方案，并且规避高风险的设计项目和方案。

（2）风险控制。在无法规避风险的情况下，对已经发生或将要发生的风险进行主动处理，尽量减少风险带来的危害，还可以通过提高设计费和合理制定设计周期来降低设计风险。

（3）预防风险。在建筑设计项目实施的过程中，可以提前采取有效的预防措施来降低风险发生的可能性。有效地预防风险的措施包括：不断改进并完善设计合同、严格审查设计单位的资质条件、规范设计招标流程、加强施工监督等。

（4）转移风险。在设计过程中可以将某些风险极高的因素转移到别的承担主体身上。比如，通过购买保险将可能发生自然灾害或意外事件的风险转移给保险公司；在合同里注明风险责任的分配比例，将潜在的风险转移给合同的另一方。

（5）风险自留。建筑工程设计单位有意识或无意识地自我承担建筑设计过程中的风险责任，这是风险处理技术中最便利的一种，有时也是因为没有其他的选择。

（6）风险监控。项目的风险是不断变化的，在采取相应的风险处理对策后还应及时对执行效果进行检查评价，并不断修正和调整对策以适应新的变化，才能真正意义上做到防范风险。

5. 组织协调方面

在组织协调方面，建筑工程设计项目的顺利进行需要有效地组织协调，而组织协调的关键是要做好沟通管理。

（1）加强沟通和协商。建筑工程设计的过程中，各部门之间与部门内容有时会产生一些意见的分歧，此时应协商平衡和满足各方利益，以解决争端。

（2）畅通沟通渠道。建筑工程设计过程中会出现这样那样的问题，若不能及时得到解决会影响设计的进度，因此要畅通沟通渠道，如定期开展讨论交流会等，将设计人员组织起来，共同解决设计过程中所遇到的问题。

（3）建立有效的沟通管理体系。建筑工程设计的主体是设计方，但其他利益相关者如业主、监理方、施工方等对设计也具有重要的影响，要保证设计活动的顺利开展，需要信息在各利益方之间能够有效传递，因此在做好设计项目内部沟通管理的同时，也要做好与业主、监理、施工单位的沟通管理。

二、建筑工程项目企业层面优化措施

企业层面的建筑工程设计管理优化，需要从组织管理和战略管理两方面入手，优化调整组织构架和管理内容，制定合理的发展战略，以提高企业的效益，并实现可持续发展的战略规划。

（一）组织的管理优化

建筑工程设计管理在组织管理方面，需要优化企业组织结构、加强企业内部沟通管理、实施项目经理责任制、建立有效的激励机制、提升员工专业素养、落实岗位职责。

1. 优化企业组织结构

组织结构对企业的重要性不言而喻，它是企业的骨架，是企业正常运转和改革发展的基石，企业的任何改革、突破或创新都必须从组织结构这一点开始。

目前，我国大多数设计企业的内部组织结构为直线型或直线职能型组织结构。直线型的组织结构有利有弊，其优点是信息高度集中，能够统一指挥，能充分发挥出组织结构的作用，缺点是横向信息难以沟通、管理效率比较低、组织缺乏弹性，同时还有目标不明确、职责划分不清、职能重复的问题，这会在很大程度上阻碍企业核心竞争力的提高，从而限制企业未来的发展。

为优化设计单位的组织结构，须学习和借鉴国内外先进的现代化企业的结构安排和管理经验，结合国内的市场环境特点，设计出适合自身发展的高效的组织结构模型——柔性矩阵型结构。流程导向型组织是柔性矩阵型结构的典型代表。流程导向型组织与直线型组织不同的是，一个团队中包含了全部的职能岗位，职能人员直接向项目经理汇报和请示工作，直接受项目经理安排和调动，不用经过职能经理这一环节，才能使各个职能部门间的交流更加频繁，沟通效率明显提高。

同时，流程导向型组织结构也符合国际工程跨地域施工的特点，增强了跨地域、跨部门的交流与合作，提高了项目的实施柔性。流程导向型组织对建筑工程项目设计管理过程中遇到的问题能及时制订出有效的解决方案，能够轻松应对项目设计的管理工作，避免了多人领导互相制约的两难局面，大大提高了建筑工程设计管理工作的效率。

流程导向型组织坚持以项目为中心，它的特点是将权力下放给各个项目经理，项目经理成为团队中的领导者和指挥者，他们有权根据业绩对团队中的成员进行评估分级，这不仅提高了团队成员的工作积极性，更促进了各个职能部门之间的沟通与合作。

流程导向型组织结构中的项目管理中心主要有两大职能：一是协调建筑工程中的所有设计项目，保证项目能按照预期的方向和速度发展；二是对每位项目经理进行授权和监督。流程导向型组织结构中的高层经理组成了项目流程管理中心，这些经理有充足的理论知识和丰富的工作经验，他们了解企业的战略和决策，对项目的整个流程非常熟悉，因此，能够根据项目特点从全局的视角对资源进行高效配置。对每位项目经理进行授权和监督，能有效防止项目经理滥用职权，减少工程的潜在风险损失，同时也能激励各项目经理之间展开绩效竞争，为企业争取更多的利益。

2. 加强企业内部沟通管理

通过建立全方位的沟通机制，疏通正式沟通渠道，谨慎非正式沟通，培训沟通知识与技能等加强企业内部沟通交流。

（1）建立全方位的沟通机制。一定程度上，企业的规模越大，管理层次就越复杂，相对员工的职能也就越模糊，因此，企业必须加强对于多方参与、多方位沟通体制的建设，促使员工之间的沟通交流不断加深，与此同时，企业内部还应建立一个有利于部门领导及员工沟通交流的体系，实现全方位的沟通。另外，企业还应保障沟通渠道的畅通，从而使企业内部的工作人员可以无阻碍地进行信息之间的互换。

（2）保持沟通的顺畅与阻碍。一定程度上，企业内部各个部门的沟通形式存在较大的差距，因此，公司内部的沟通体制主要由两部分内容组成，即正式沟通与非正式沟通。其中，后者多指的是正式沟通渠道以外的表达方式。由于员工之间的派系区别，形成了各种小团体，使得小道信息的传播难以控制，这会严重影响企业内部消息的传播与交流，也不利于员工之间的团结，还会影响企业的利益，因此，对非正式沟通应谨慎处理。而正式沟通多指的是以企业规定的信息传递渠道为媒介，进行信息的交流与传递，这种沟通方式效果好、信息传递准确性高。

一般而言，正式沟通主要包括三方面内容：①垂直沟通管理，指的是企业内部上下级之间的沟通交流，具有直接和双向、向上和向下的区别；②水平沟通管理，指的是企业内同一阶层之间的交流；③周边沟通管理，指的是企业不同层次且没有直接隶属关系的员工间的沟通管理。

（3）对员工的沟通知识与技能进行培训。一定程度上，沟通是一项极难掌握的知识与技巧，因此，不管是人与人之间的沟通交流，还是企业间的沟通交流，都需要掌握一定的技巧。换言之，很多问题的根源就是由于缺乏一定的沟通技巧造成的。因此，企业人力资源部门应对所有员工进行有关沟通交流的培训，增强其沟通交流能力。

3. 实施项目经理责任制

在项目实施的过程中，项目经理发挥了不可忽视的作用，一定程度上，其不仅是联系各部门工作，协调与监理单位、施工单位的枢纽，同时也是控制项目进程的总代理人，而在项目经理责任制中，项目经理要向业主负责，同时也受到业主的监督。从另一个角度来看，项目经理责任制是现代化企业项目管理的主流方式，设计院通过项目经理责任制优化项目，可以从以下三个方面进行：

（1）成立项目经理部。针对大型、复杂的设计项目成立项目部，项目设计过程中遇到的问题由设计项目经理全权负责，同时在人、财、物等方面给予支持，使项目负责人成为项目责权利的真正主体。

（2）对项目经理进行培训。就目前企业的发展状况来看，项目经理应是具有良好管理能力的优秀人才，而国内大多数企业都缺乏优秀的项目经理。企业要想取得长久的发展，就必须对现有的项目经理进行相关培训，同时提供系统、专业的项目管理培训平台，以供项目内部人员学习管理知识。此外，还可以从高校中引进相关专业的人才，经过科学系统的实践方面培训，使其成为合格的项目经理人。

（3）制定相关的规章制度。在项目实施的过程中，项目经理应根据实际的情况，制定相关的规章制度，使各部门单位做好其本身的管理、服务等工作。

4. 建立有效的激励机制

对人员的激励可以分为物质激励和精神激励两方面。

（1）物质激励。企业可以建立合理的绩效考核制度，提高员工对于工作的积极性，一般来说，企业的绩效考核主要以员工的工作成果为评判的标准，对于那些达到考核要求的员工，企业会给予适当的奖励，而对于那些达不到要求的员工，企业就会采取相应的处罚并进行培训。在设计绩效考核制度时，要注意三方面的问题：一要明确规定考核项目，保证考核的透明度；二是设置考核人员，保证考核的公平公开；三要确定包括考核目标、考核标准的目标体系。

（2）精神激励。精神方面的激励有团队激励、工作自主性、弹性工作时间。①团队激励。良好的合作氛围，可以提高企业全体员工工作的热情，团队激励应充分肯定团队精神，对优秀的团队宣传表彰，并倡导合作共赢的理念。②工作自主性。设计工作是一项时间长且单调的工作，员工长时间地重复一件事未免会降低员工的工作热情，因此，管理者在安排工作时应强调对工作结果的监督，适当放宽工作过程的要求，允许设计人员按照自己的方式进行设计工作,从而提高员工的工作自主性。③弹性工作时间。设计人员工作本身就是一种创作,因此管理者应让设计人员尽情发挥,减少对设计人员的束缚,在工作时间和方式上给予更大的自由。

5. 提升员工专业素养

员工的专业素养对于项目的质量至关重要,提升员工的专业素养可以从以下方面进行:

(1)培养员工务实精神。建筑设计虽然是一种造型艺术活动,但其本质也需要如实反映客观规律和性质,需要受到一定的技术、经济、人力、物力、环境和资源等条件的限制,并遵循一定的规律开展设计,而不是天马行空的想象。

(2)培养员工创新意识。设计是一种创造活动,打破传统,力破陈规,推陈出新是一个优秀设计师应具备的素质,同时,培养设计人员的创新意识,也是在设计遇到阻碍时跳出困境的重要驱动因素,可使设计人员发挥想象,提出多种设想和方案,以解决设计过程中遇到的难题。

(3)培养员工决策能力。建筑设计是针对某个具体问题提出相应的解决对策,但解决方法往往是由多种方案组成的,设计师结合实际情况从中择优选取最优的解决方案。不过最优方案也是相对的,是考虑诸如成本、时间、资源多种限制条件下所做出的判断,而这种敏锐的判断力,需要在长期的工作经验中形成,因此设计单位可以有意识地培养设计人员的决策能力。

6. 落实岗位职责

建筑工程设计企业的岗位体系一般可以分为院领导层、管理部门和业务部门。

(1)清晰界定院领导责权。院领导层一般有行政领导和技术领导,要清晰界定院领导相关职责,统一职责界定与管理关系,强化领导的管理职能,匹配其相应的责权利。

(2)强化管理部门职责。管理部门一般包括综合办公室、市场经营部、财务部、人力资源部、技术质量部、法务部等,这些部门是建筑工程设计企业的服务部门,要强化落实不同部门的服务内容,如人力资源部负责编制修订人力资源管理体系和绩效薪酬管理体系的有关规章制度,上报院委会批准后组织实施,负责体系的运行管理工作,以确保人力资源管理和绩效薪酬管理目标的实现。

(3)明确业务部门职责。对于业务部门而言,要明确设计项目经理的岗位职责和设计师的职责。设计师们需要在项目经理的领导下,设计投标方案、方案效果图、施工图,并进行设计交底,设计项目经理还要组织施工现场设计配合,变更洽商设计调整,管理竣工图的绘制工作,并协调各部门之间相互配合,从而保证设计项目总目标的实现。

（二）提升发展的战略

企业的可持续发展离不开好的战略规划，建筑工程设计管理在企业发展战略方面，要重视设计创新、竞争策略、竞争力、设计意识和品牌等方面。

1. 设计创新方面

在设计创新方面，要结合社会的发展进步、市场的需求进行创新。

（1）设计朝着智能方向发展。目前，计算机、多媒体现代通信、环境监控等技术迅速发展，可以将它们与建筑艺术很好地融合在一起，不断优化整合用户信息资源，使人们获得高效、安全、便利和舒适的生活和工作环境。

（2）引进先进的理念与设计思路。积极吸收古今中外的建筑工程设计成就与经验，并结合业主方的要求与时代特点，将其运用到现代设计中。

（3）向生态建筑靠拢。设计中要充分考虑环境保护，在满足客户对建筑物需求的同时还要把环境污染、能源消耗降到最低程度。

（4）做到与城市设计的完美融合。设计要充分考虑城市的规划以及周围环境的多样性和整体性，努力做到与周围的建筑和谐统一。

2. 竞争力方面

在竞争力方面，对于企业自身而言，要改善现有体制，提高设计能力，重视市场分析研究。

（1）改善现有体制。对设计项目实施项目经理责任制，打破管理技术一刀切的用人方式，聘用优秀的管理人才，设立专门的项目管理部门。

（2）提高设计能力。要密切关注国内外设计的方向及发展动态，重视设计创新，加强对设计及工程的总结，增加企业经验，重视对建造师的再培训，鼓励各专业间的协同工作。

（3）重视市场分析研究。市场决定着需求的走向，因此要重视项目的可行性研究，做好项目咨询环节，才能准备把握市场的需求，设计出具有竞争力的产品。

（4）加强建筑设计人员队伍建设和管理，定期开展专业人才的培训，从而保证设计队伍的稳定发展，保证设计的高质量。

3. 竞争策略方面

在竞争策略方面，好的竞争策略不仅可以加强企业自身的竞争优势，同时也可以使企业更好地适应外部环境，从而整体提高企业抵御外部威胁的能力。结合建筑工程设计企业目前所面临的现状，应采用以下策略：

（1）产品差异化策略。如：增加设计企业的服务范围，除常规的设计业务外还可以提供诸如可行性研究分析、招投标代理等业务；有意识系统地培育设计企业的设计风格，塑造产品的独特性。

（2）服务策略。企业应专门设立技术支持的服务中心，为所有项目后期出现的问题提供技术支持，并将有关问题整理分类，及时反馈给设计部门，以避免后续同样问题的发生，从而提高设计质量。

（3）渠道策略。在激烈的市场竞争中，设计企业应主动到市场中开拓业务，拓宽企业的信息网络，增强设计信息的获取能力；根据城市发展的进程与特点，寻找新的市场，如智能建筑设计、绿色建筑设计等领域，并设置相应的分院。

（4）促销策略。加强企业的宣传力度，将企业的优势、实力、特色等充分体现出来；强化与政府的合作，通过政府这个大平台进一步扩大企业在行业中的影响力；开展多种形式的营销推广，设计企业作为社会的一部分，可以通过参与一些公众服务、公益事业来树立企业的良好形象，增大知名度，达到反向推动开发商与设计企业合作的目的。

4. 设计意识方面

在设计意识方面，多元的建筑形态与思潮容易引起设计思维的混乱，只有树立正确的观念才能保证设计的质量。

（1）可持续发展设计理念。首先充分利用现有资源，将废弃的建筑改造；其次采用高新技术，并运用到建筑设计中；最后要回收利用废旧材料，变废为宝，减少资源浪费。

（2）环保设计理念。目前的生态平衡遭到破坏，建筑生态设计是未来的发展趋势，设计时要充分考虑大自然、人及建筑物三方面，构建生态型、家居型建筑。

（3）体现地域环境与人文精神。建筑设计要综合考虑当地的地理环境，并纳入当地的人文精神，设计出的建筑才能具有地域特色。

（4）智能化设计理念。随着社会不断发展进步，人们对生活和工作环境的要求越来越高，对建筑的智能化要求也越来越高。通过现代科技手段，实现建筑的自动调节，如温度、照度及湿度等，最大限度地利用自然资源，节能减排，实现生活环境的舒适和谐。

（5）精品建筑理念。豪华与高贵并不就是精品建筑，建筑创作的精品意识是追求高品位、高效率、高质量，是建筑师精心设计，反复推敲，精益求精，全面创优的结果。

5. 企业品牌方面

在企业品牌方面，建筑工程设计企业应系统地进行品牌规划，有步骤、按计划地树立自己的品牌。

（1）系统地规划品牌。首先，要结合设计企业的发展战略，明确自身的品牌定位；其次，结合企业的文化特点与经营范围，总结提炼品牌理念；再次，构建品牌管理体系，通过品牌管理工作机制和制度的建立，落实设计企业领导与各职能部门相应的管理职责，从而确保品牌建设活动的有效性。

（2）塑造品牌价值。设计企业品牌价值的塑造不只是要提高产品 / 服务质量，更是诸如品牌价值观、品牌使命和品牌象征等品牌理念的树立，从而增加客户的认同感，培养客户对品牌的情感，提升品牌整体价值。

（3）提升员工服务意识和服务技能。员工是品牌使命和品牌价值的直接传播者，品牌理念需要实实在在地转化为一线员工的工作理念，才能有助于企业品牌的塑造和传播，因此需要加强员工服务意识和服务技能方面的培训。

（4）拓展传播渠道。通过合理的品牌规划，不断拓展品牌的传播渠道，提升品牌的信誉度。

第五章 建筑工程项目资金与设备更新经济

第一节 建筑工程项目资金及其成本结构

一、建筑工程项目资金分析

（一）建设工程项目资金总额

按照不同投资主体的投资范围和项目的具体情况，可将建设项目分为公益性投资项目、基础性项目、竞争性项目。在资金筹措阶段，建设项目所需的资金总额由自有资金、赠款、借入资金三部分组成。

1. 自有资金。企业自有资金是指企业有权支配使用，按规定可用于固定资产投资和流动资产投资的资金，即在项目资金总额中投资者缴付的出资额，包括资本金和资本公积金。

第一，资本金。资本金是指新建项目设立企业时在工商行政管理部门登记的注册资金。根据投资主体的不同，资本金可分为国家资本金、法人资本金、个体资本金及外商资本金等。

第二，资本公积金。资本公积金是指企业接受捐赠、财产重估差价、资本折算差额和资本溢价等形成的公积金。

2. 赠款。赠款是指财政部或者财政部经国务院批准代表国家作为受赠方接受的、不以与贷款搭配使用为前提的国际赠款。赠款形成的资产为国有资产。

3. 借入资金。借入资金亦即企业对外筹措的资金，是指以企业的名义从金融机构和资金市场借入，需要偿还的用于固定资产投资的资金。其包括国内银行贷款、国际金融机构贷款、外国政府贷款、出口信贷、补偿贸易、发行债券等方式筹集的资金。

（二）建设工程项目资金筹措

资金筹措又称融资，是以一定的渠道为某种特定活动筹集所需资金的各种活动的总称。它是企业根据其生产经营、对外投资和调整资金结构的需要，通过金融市场，运用筹资方式，经济有效地筹措和集中资本的财务行为。企业筹措资金的目的，就是获得资金，维持自身的存在与发展。

1. 财政预算投资融通

用国家预算安排的，并列入年度基本建设计划的建设项目投资称为财政预算投资，也称国家投资。国家投资主体筹集资金的主要手段有税收、财政信用及举借外债。

（1）税收。税收是历史上出现最早的一个财政范畴，是随国家的产生而产生的，是国家为了维持自身的存在，用来取得收入的一种手段。税收这种筹集资金的形式，同其他的财政收入形式相比，具有强制性、无偿性和固定性的特征。税收在国家财政收入中占有很大比重，它是保证财政收入，为国家重点建设项目筹集资金的重要工具。中央政府和地方政府每年用于固定资产的投资，绝大部分来源于税收形式的财政收入。

（2）财政信用。财政信用是以财政为主体的投资信用，是由财政出面采取信用方式或半信用方式筹集资金的一种制度。财政信用的具体融资工具是各类政府债券，如国库券、国家重点建设债券等。

通过财政信用筹集资金与通过国家税收筹集资金有所不同。税收是由财政采取无偿的方式予以集中，既改变资金的使用权，又改变资金的所有权。财政信用筹集资金，只改变资金的使用权，而不改变资金的所有权；同银行信用一样，既要还本，还要付息。财政采用信用方式筹集资金时，由于财政本身不具备信用、结算、支付手段，所以无论是资金的筹集还是贷放，都要通过银行来办理。

（3）举借外债。举借外债是财政筹资的另一方法，是国家信用的一种形式。它由财政部门出面，代表国家从国外借入款项，用于国内的投资建设。

2. 企业自有资金融通

企业自有资金是指企业有权支配使用、不需偿还的资金。该扩建项目和技术改造项目的企业自有资金主要来源于新产品试制基金、生产发展基金、职工福利基金和基本折扣基金、大修理基金等，以及各种形式的社会集资。新建项目自有资金的筹集可以采取国家投资、各方集资或者发行股票等方式。投资者可以用现金、实物和无形资产等进行投资。企业投资可分为自有资金和负债投资两大类。

3. 国内的银行贷款

（1）国家政策性银行贷款。国家政策性银行贷款一般期限较长，利率较低，并配合国家产业政策的实施，采取各种优惠政策。国家政策性银行贷款包括国家开发银行贷款、中国农业发展银行贷款和中国进出口银行贷款。

第一，国家开发银行贷款。国家开发银行贷款分为软贷款和硬贷款。软贷款分为股本金贷款和特别贷款；硬贷款分为基本建设贷款和技术改造贷款。基本建设贷款又分为差别贷款、专项贷款和一般贷款。

第二，中国农业发展银行贷款。中国农业发展银行是直属国务院领导的政策性金融机构，主要任务是按照国家的法律法规和方针、政策，以国家信用为基础，筹集农业政策性信贷资金，承担国家规定的农业政策性金融业务，代理财政性支农资金的拨付，为农业的发展服务。

第三，中国进出口银行贷款。中国进出口银行专营国家政策性出口信贷业务，包括出口卖方信贷和出口买方信贷。该银行主要承办支持我国机电产品和成套设备的出口信贷业务。

（2）商业银行贷款。商业银行，就是以经营存、贷款为主要业务，并以盈利性、安全性和流动性为主要经营原则的信用机构。在整个金融体系中，它是唯一能够接受活期存款的银行，通过发放贷款创造存款货币。

由于商业银行的资金来自居民储蓄和企业存款，是对广大社会公众的负债，这就要求银行的贷款必须是有借有还，周转使用，还本付息，讲求效益，否则资金就难以实现正常的循环和周转，甚至还会造成严重的社会后果。因此，在发放银行贷款时，要结合企业的生产经营状况进行严格审查，优先支持那些产品适销对路、企业经营管理水平较高、经济效益好的企业，以提高贷款效益。

4. 国外的贷款

（1）外国政府贷款。外国政府贷款系指外国政府向发展中国家提供的长期优惠性贷款，它具有政府间开发援助的性质，这种贷款的特点是利率较低（年利率一般为2%～3%）、期限较长（平均为20～30年）。目前，我国已同日本、比利时、丹麦、法国、英国、意大利、西班牙、德国、奥地利、瑞士、卢森堡、荷兰、挪威、芬兰、加拿大、澳大利亚、科威特、韩国等国家建立了双边政府贷款关系。

（2）国际金融组织贷款。国际金融组织是指联合国的专门国际金融机构，如国际货币基金组织、国际复兴开发银行、国际清算银行等，影响较大的区域性国际金融组织包括亚洲开发银行、泛美开发银行、非洲开发银行、欧洲复兴开发银行等。这些国际金融机构由许多国家政府参加，并向特定的对象国政府提供优惠性的多边信贷，其贷款有软硬之分，是另一种官方资本来源，目前，向我国提供多边贷款的国际金融机构主要有世界银行、亚洲开发银行、国际农业发展基金组织和国际货币基金组织。

（3）国外商业银行贷款。国外商业银行贷款包括国外开发银行、投资银行、长期信用银行以及开发金融公司对我国提供的贷款。这些银行可以单独向我国提供贷款，也可以由几家银行共同向我国提供贷款，即银团贷款。建设项目投资贷款主要向国外银行筹集中长期资金，一般通过中国银行、中国国际信托投资公司办理。这种贷款的特点是可以筹集大额资金，借得资金可由借款人自由支配，但贷款条件较为苛刻，贷款利率相对较高，另外还要收取承诺费、手续费等各种费用。

（4）在国外金融市场发行债券。债券是一种有价证券，在发行时就规定了利率和还本期限。在国外发行债券的主要优点是：使用外国货币为面值；托付期限较长，一般在 2 年以上；发行金额一次可在 1 亿美元左右；筹得的款项可自由使用，且可连续发行。缺点是：手续比较繁杂，发行地政府往往还有限制规定；债券利率加上发行费用一般会高于商业银行贷款利率；发行债券要有较高的信誉，精通国际金融业务。

（5）出口信贷。出口信贷是西方国家政府为了鼓励资本和商品输出而设置的专门贷款。这种贷款的特点是利率较低，期限一般为 10～15 年，借方所借款项只能用于购买出口信贷国设备。出口信贷可根据贷款的对象不同分为买方信贷和卖方信贷。买方信贷是指发放出口信贷的银行将贷款直接贷给国外进口者（即买方）；卖方信贷是指发放出口信贷的银行将资金贷给本国的出口者（即卖方），以便卖方将产品赊卖给国外进口者（即买方），而不致发生资金周转困难。

（6）混合贷款。混合贷款是出口买方信贷的一种发展形式，是外国政府与商业银行联合提供的贷款，用以购买其资本货物和劳务。例如，有的国家提供包括政府贷款、政府捐款和出口信贷、商业信贷混合使用的贷款。因为含有政府贷款部分，所以较一般出口信贷利率低、期限长、费用少。

5. 债券

债券是借款单位为筹集资金而发行的一种信用凭证，它证明持券人有权按期取得固定利息并到期收回本金。

（1）我国发行的债券种类。

第一，国家债券。国家债券又称公债、国库券，是指国家以信用方式从社会上筹集资金的一种重要工具。20 世纪 80 年代的"国库券"与 20 世纪 50 年代的"公债"主要区别在于："公债"的对象主要是个人，而"国库券"发行的对象不仅限于个人，还包括国营企业、集体所有制企业、企业主管部门、地方政府和机关团体、部队、事业单位等。"公债"及"国库券"的发行对稳定物价、弥补财政赤字、争取财政收支平衡、筹集资金、保证国家重点工程建设，以及推动国民经济全面协调发展等发挥了积极的作用。

第二，地方政府债券。地方政府债券是由地方政府发行的债券，筹集的资金主要用于地方的能源、交通、市政设施等重点工程建设，发行的对象主要是地方政府所辖范围内企事业单位、城乡居民个人。

第三，企业债券。企业债券又称公司债券，是指由企业发行的债券。根据国务院颁布的《企业债券管理暂行条例》，中国人民银行是企业债券的主管机关，企业发行债券须经中国人民银行批准。企业发行的债券总金额不得超过企业的自有资产净值。投资项目必须经有关部门审查批准，纳入国家控制的固定资产投资规模。债券的利率不得高于定期存款利率的 20%。

第四，金融债券。金融债券是金融机构为筹措资金而发行的债券。目前，我国发行的金融债券有中国建设银行债券、中国工商银行债券、中国农业银行债券、中国银行债券等，主要向个人发行，分一年期、二年期、三年期，均为有息债券。

债券的价格包括票面价格、发行价格和市场价格。票面价格即指债券券面上所标明的金额；发行价格即债券的募集价格，是债券发行时投资者对确定票面价格的债券所付的购买金额；市场价格是指债券发行后在证券流通市场上的买卖价格；债券的发行与转让分别通过债券发行市场和债券转让市场进行。

（2）发行债券应注意事项。

第一，对企业未来盈利状况的预测。如果预测企业在未来市场销售情况良好，盈利稳定，则可以考虑发行债券；反之，则不宜发行。

第二，对未来物价水平的预测。如果预期未来物价上升很快，企业在偿付债务时，币值已降低，发行债券则对企业有利；反之，则不宜发行。

第三，资本结构。如果企业负债比率已经很高，则不宜发行债券；反之，则可以考虑发行。

第四，在发行债券前，还应考虑债券合约中限制企业营业和决策的各种条款会对企业产生何种影响。

6. 股票

股票是股份公司发给股东作为已投资入股的证书和索取信息的凭证。它是可作为买卖对象或抵押品的有价证券。

（1）股份有限公司。股份有限公司是按照一定章程和法定程序集资合营的一种企业的组织形式，其成立方式往往是由企业发起者把预定的企业总资本分成若干股份，通过发行股票，把分散的资本集中起来而构成企业的总资本。股票持有人在名义上都是公司的股东，股东大会是公司的最高权力机关，由它决定企业的重要事宜，并选出董事会来领导企业的活动。股票持有者有权按持有的股票取得利息或分红，但不能退股，只能将股票出售。股份公司的股东，对公司债务所负的清偿责任，以所持股份的金额为限，不以其私人全部财产负责。从 19 世纪 50 年代起，股份有限公司已广泛流行于资本主义世界各国，目前已成为西方国家中企业的普遍形式。20 世纪 50 年代，我国也曾经存在着相当数量的股份有限公司；到 20 世纪 80 年代，随着我国经济体制的改革、经济联合的发展，开始建立了公有制企业联合、劳动者集资联合、中外联合的股份有限公司。股份有限公司有以下特点：

第一，可以广泛筹集社会资金，又可分散投资风险，相应满足投资者的利益，解决了社会化大生产发展需要集中大量资金和资金分属不同所有者之间的矛盾。

第二，通过大量资本集中，使整个生产规模得以迅速扩大，促进技术进步。

第三，由于实现了企业所有权与经营权的分离，通过人才的竞争机制，使那些具有管理经验和技能的企业家掌握了企业经营管理权，独立自主地从事生产经营。

第四，随着生产国际化和资本国际化的发展，购买别国股份公司的股票已成为国际投资的重要形式，股票成为吸引外资的重要渠道。

第五，股份公司产权相对独立，股东可以自由买卖股票，但无权向公司要回股本。公司作为独立法人拥有直接处置资产的各种权力，这就从财产上保证了企业的生产连续性和稳定性。

（2）股票的种类。按股东承担风险和享有权益的大小，股票可分为普通股和优先股两大类。

第一，普通股。普通股是指在公司利润分配方面享有普通权利的股份。普通股可分为记名的与不记名的，亦可分为有面值的与无面值的。除能分得股息外，还可在公司盈利较多时再分享红利。所以，普通股获利水平与公司盈亏息息相关。股票持有人不仅据此可分摊股息和获得股票涨价时的利益，而且有选举该公司董事、监事的机会，参与公司管理的权利，股东大会的选举权根据普通股持有额计票。

第二，优先股。优先股是指在公司利润分配方面较普通股有优先权的股份。优先股的股东，按一定的比率取得固定股息；企业倒闭时，能优先得到剩下的可分配给股东的部分财产。优先股分为积累优先股（在领取股息时，当年股息不足既定比例，翌年补发）、非积累优先股（当年股息不足既定比例，不再补发）、参加优先股（除按规定比例领取股息外，还能与普通股共同参加利润分配）、非参加优先股（不能参加利润分配）。

二、建筑工程项目资金成本

（一）资金成本的构成

资金成本是指企业为筹集和使用资金而付出的代价。资金成本包括资金筹集费用和资金占用费用两部分。

1.资金筹集费用。资金筹集费用指资金筹集过程中支付的各种费用，如发行股票、发行债券支付的印刷费、律师费、公证费、担保费及广告宣传费等。资金筹集成本大多数属于一次性费用，因此筹资次数越多，资金筹集成本就越高。

2.资金占用费用。资金占用费用又称资金使用成本，是指占用他人资金应支付的费用。其主要包括股东的股息、红利、债券及贷款利息等。资金占用费用与所筹资多少、所筹资金使用时间有关，具有经常性、定期性支付的特点，是资金成本的主要部分。

（二）资金成本的特点

1.资金成本是资金使用者向资金所有者和中介机构支付的占用费用及筹集费。

2.资金成本具有一般产品成本的基本属性即同为资金耗费，但又不同于账面成本，而属于预测成本，其一部分计入成本费用，相当一部分则作为利润分配处理。

3.资金成本的基础是资金时间价值，但通常还包括投资风险价值和物价变动因素。

（三）资金成本的计算

资金成本一般用相对数表示，称为资金成本率，习惯上仍称为"资金成本"。其计算公式为：

$$K = \frac{D}{P - F} \tag{5-1}$$

$$K = \frac{D}{P(1 - f)} \tag{5-2}$$

式中：K——资金成本率；

P——筹集资金总额；

D——资金使用费；

F——资金筹集费；

f——资金筹集费用率（即筹资费占筹集资金总额的比率）。

资金成本是拟订筹资方案的主要依据，也是评价投资项目可行性的主要经济指标。

（四）影响资金成本的因素

影响资金成本的因素很多，归纳起来，主要包括以下因素：

1.融资期限。融资期限越长，未来的不确定因素越多，风险也越大，投资者要求的报酬率也越高，从而其成本也越高。权益资本是无期限的（除非企业破产），因而其成本比负债资金成本要高。

2.市场利率。市场利率是资金市场供求关系变动的结果，它是资金"商品"的价格。

作为各类融资方式的基准利率，市场利率提高时，会相应提高各融资方式的成本；反之，当市场利率下降时，会相应降低各融资方式的成本。

3. 企业信用等级。企业信用等级决定了企业在资本市场中的地位，从而对各种方式产生重大影响。一般认为，企业的信用等级越高，信誉越好，投资者投资于企业的风险越小，其要求风险报酬就越小，从而融资成本也越低。

4. 抵押担保能力。如果企业能够为债务资金提供足够的抵押或担保，则债权人投资的"安全系数"也大大提高，从而要求的报酬率相对较低，资金成本也相应降低。

5. 融资工作效率。融资工作效率决定融资费用的大小。融资工作效率越高，则花费的资金筹集费用越低，资金成本也相应降低。

6. 通货膨胀率。从投资者角度看，通货膨胀率实质上是名义收益率与实际收益率之间的差异，是对因货币购买力风险而进行的一种价值补偿。因此，它作为系统性风险，对所有的收益项目都产生影响。一般情况下，通货膨胀率越高，则融资成本也越高。

7. 政策因素。能够获得国家支持的产业，该产业内的企业能够获得优惠贷款利率，从而降低融资成本。

8. 资本结构。在融资总量一定的情况下，各种融资方式的组合比例不同，即资本结构不同，其加权平均成本也不同。

（五）降低融资成本的策略

企业降低成本，既取决于企业自身的融资决策，如融资期限安排是否合理、融资效率的高低、企业信用等级、资产抵押或担保情况，同时也取决于市场环境，特别是通货膨胀状况、市场利率变动趋势等。

1. 合理安排融资期限。资金的筹集主要是用于长期投资，融资期限要服从于项目的建设年限，服从于资金需求量预算，按照投资的进度合理安排筹资期限，以降低资金成本，减少资金不必要的闲置。

2. 合理预期未来利率。根据未来利率预测情况，合理安排负债融资期限，节约资金成本。

3. 提高企业信誉，重视信用评级工作。

4. 善于利用负债经营。在投资收益率大于债务成本率的前提下，积极利用负债经营，取得财务杠杆效益，可以降低资本成本，提高投资效益。

5. 提高投资效率。正确制订融资计划，从总体上对企业在一定时期内的融资数量、资金需要的时间等进行周密安排；充分掌握各种融资方式的基本程序，厘清融资程序中各步骤之间的关系，并制定具体的实施步骤，以便于各步骤之间衔接与协调，节约时间与费用；在人员组织安排上，组织人员负责融资计划的具体实施，保证融资工作的顺利开展。

6.积极利用股票增值机制，降低股票融资成本。主要是通过提高企业经营实力和竞争能力，扩大市场份额等措施，采用多种方式转移投资者对股利的注意力，降低股票分红压力，使投资者转向市场实现其投资价值，通过股票增值机制来降低企业实际融资成本。

三、建筑工程项目资金结构

资金结构是指融资方案中各种资金的比例关系。资金结构包括项目资本金与项目债务资金的比例、项目资本金内部结构的比例和项目债务资金内部结构的比例。

项目资本金与项目债务资金的比例是项目资金结构中最重要的比例关系。项目投资者希望投入较少的资本金，获得较多的债务资金，尽可能降低债权人对股东的追索。而提供债务资金的债权人则希望项目能够有较高的资本金比例，以降低债权的风险。当资本金比例降低到银行不能接受的水平时，银行将会拒绝贷款。资本金与债务资金的合理比例需要由各个参与方的利益平衡来决定。

资本金所占比例越高，企业的财务风险和债权人的风险也越小，可能获得较低利率的债务资金。债务资金的利息是在所得税前列支的，可以达到合理减税的效果。在项目的收益不变、项目投资财务内部收益率高于负债利率的条件下，由于财务杠杆的作用，资本金所占比例越低，资本金财务内部收益率就越高，同时企业的财务风险和债权人的风险也越大。因此，一般认为，在符合国家有关资本金（注册资本）比例规定、符合金融机构信贷法规及债权人有关资产负债比例要求的前提下，既能满足权益投资者获得期望投资回报的要求，又能较好地防范财务风险的比例是较理想的资本金与债务资金的比例。

按照我国有关法规规定，从1996年开始，对各种经营性国内投资项目试行资本金制度。投资项目资本金占总投资的比例，根据不同行业和项目的经济效益等因素确定。

项目资本金内部结构的比例是指项目投资各方的出资比例。不同的出资比例决定各投资方对项目建设与经营的决策权和承担的责任，以及项目收益的分配。

采用新设法人融资方式的项目，应根据投资各方在资金、技术和市场开发方面的优势，通过协商确定各方的出资比例、出资形式和出资时间。

采用既有法人融资方式的项目，项目的资金结构要考虑既有法人的财务状况和筹资能力，合理确定既有法人内部融资与新增资本金在项目融资总额中所占的比例，分析既有法人内部融资与新增资本金的可能性与合理性。既有法人将现金资产和非现金资产投资于拟建项目长期占用，将使企业的财务流动性降低，其投资额度受到企业自身财务资源的限制。

项目债务资金内部结构的比例反映债权各方为项目提供债务资金的数额比例、债务期限比例、内债和外债的比例，以及外债中各币种债务的比例等。

在确定项目债务资金内部结构的比例时，根据债权人提供债务资金的条件(包括利率、宽限期、偿还期及担保方式等)合理确定各类借款和债券的比例，可以降低融资成本和融资风险；合理搭配短期、中长期债务比例；合理安排债务资金的偿还顺序，尽可能先偿还利率较高的债务，后偿还利率较低的债务。

第二节　建筑工程项目设备及其更新经济分析

一、建筑工程项目设备分析

设备是现代企业生产的重要物质技术基础。各种机器设备的质量、技术水平和效率是衡量一个国家工业化水平的重要标志，是判断一个企业技术创新能力、产品开发能力的重要标准，也是影响企业和国民经济各项经济技术指标的重要因素。

随着新工艺、新技术、新机具、新材料的不断涌现，工程施工在更大的深度和广度上实现了机械化，施工机械设备已成为施工企业生产力不可缺少的重要组成部分。因此，如何使企业的技术结构合理化，如何使企业设备利用率、机械效率和设备运营成本等指标保持在良好状态是建筑施工企业都要面临的问题。

研究设备更新，对于提升企业技术创新能力和产品开发能力，促进节能减排，增强企业市场竞争能力等均具有重要的现实意义。

（一）建筑工程项目设备的磨损与寿命

1.设备的磨损

（1）设备磨损分类。设备是企业生产的重要物质条件，企业为了进行生产，必须花费一定的投资,用以购置各种机器设备。设备购置后,无论是使用还是闲置,都会发生磨损。设备磨损分为以下三大类：

1）设备的有形磨损。

第Ⅰ种有形磨损是设备在使用过程中，在机械外力（如摩擦、碰撞或交变应力等）的作用下实体发生的磨损、变形和疲劳损坏。如设备零部件尺寸、精度的改变，直至损坏。

第Ⅱ种有形磨损是设备在闲置过程中在自然力（如日晒、潮湿和腐蚀性气体等）的作用下实体发生的锈蚀、损伤和老化。如设备锈蚀、零部件内部损伤、橡胶和塑料老化。

上述两种有形磨损都造成设备的性能、精度等的降低，使得设备的运行费用和维修费用增加，效率低下，导致了设备使用价值的降低。

2）设备的无形磨损。设备的无形磨损是指由于科学技术进步，设备的价值相对降低。无形磨损不产生设备实体外形和内在性能的变化，难以从直观上看出来，是无形的。无形磨损的形成亦可分为以下两种情况：

第Ⅰ种无形磨损是指设备的技术结构和性能并没有变化，但由于技术进步，设备制造工艺不断改进，社会劳动生产率水平的提高和材料节省等导致社会必要劳动时间减少，同类设备的再生产价值降低，致使原设备相对贬值。

第Ⅱ种无形磨损是指由于科学技术的进步，不断创新出结构更先进、性能更完善、效率更高、耗费原材料和能源更少的新型设备，使原有设备相对陈旧落后，其经济效益相对降低而发生贬值。

有形和无形两种磨损都引起机器设备原始价值的贬值，这一点两者是相同的。不同的是：遭受有形磨损的设备，特别是有形磨损严重的设备，在修理之前，常常不能工作；遭受无形磨损的设备，即使无形磨损很严重，其固定资产物质形态却可能没有磨损，仍然可以使用，只不过继续使用它在经济上是否合算，需要分析研究。

3）设备的综合磨损。设备的综合磨损是指同时存在有形磨损和无形磨损的损坏和贬值的综合情况。对任何特定的设备来说，这两种磨损必然同时发生和同时互相影响。某些方面的技术要求可能加快设备有形磨损的速度，例如：高强度、高速度、大负荷技术的发展，必然使设备的物理磨损加剧。同时，某些方面的技术进步又可提供耐热、耐磨、耐腐蚀、耐振动、耐冲击的新材料，使设备的有形磨损减缓，但使其无形磨损加快。

（2）设备磨损补偿。有形磨损和无形磨损导致的设备使用价值的绝对降低或相对降低，需要及时、合理地予以补偿，以恢复设备的使用价值。设备磨损的类型、形式不同，磨损补偿的方式也不相同。补偿分局部补偿和完全补偿。

设备有形磨损的局部补偿是修理。修理是指更换设备部分已磨损的零部件和调整设备，以恢复设备的生产功能和效率为主的补偿方式。

设备无形磨损的局部补偿是现代化改造。现代化改造是对设备的结构做局部改进和技术上的革新（如增添新的、必需的零部件），以增加设备的生产功能和效率为主的补偿方式。

有形磨损和无形磨损的完全补偿是设备更新，分为原型设备更新和新型设备更新。

原型设备更新是简单更新，就是用结构相同的新设备去更换有形磨损严重而不能继续使用的旧设备，这种更新主要是解决设备的损坏问题，不具有更新技术的性质；新型设备更新是以结构更先进、技术更完善、效率更高、性能更好、能源和原材料消耗更少的新型设备来替换那些技术上陈旧、经济上不宜继续使用的旧设备。

当设备发生有形磨损时，如磨损具有可消除性，既可以通过设备修理进行局部补偿，也可以通过原型设备更新予以完全补偿；如有形磨损属于不可消除性有形磨损，则只能进行原型设备更新。当设备出现无形磨损，如属于第 I 种无形磨损，只是现有设备原始价值部分贬值，设备本身的技术特性和功能即使用价值并未发生变化，故不影响现有设备的使用，因此不会产生提前更换设备的问题。如属于第 II 种无形磨损，则不仅使原有设备价值降低，而且技术上更先进的新设备使原有设备的使用价值局部或完全丧失，因此，根据具体情况一方面可以通过对设备进行现代化技术改造，使设备磨损得到局部补偿；另一方面，也可以通过新型设备更新，彻底实现设备的完全补偿。设备磨损形式与其补偿方式的相互关系如图 5-1 所示[1]。

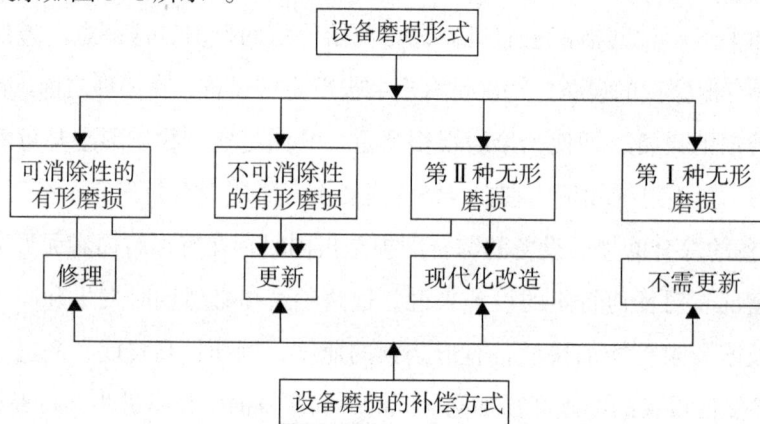

图 5-1 设备磨损形式及其补偿方式

由于设备总是同时遭受到有形磨损和无形磨损，因此，对其综合磨损后的补偿形式应进行更深入的研究，以确定恰当的补偿方式。

2. 设备的寿命

研究设备更新离不开对设备寿命的探析。从不同的研究角度，设备具有不同的寿命形态，内涵和意义也各不相同。

（1）设备的自然寿命。设备的自然寿命又称物质寿命。它是指设备从投入使用开始，直到因物质磨损严重而不能继续使用、报废为止所经历的全部时间。它主要是由设备的有形磨损所决定的。做好设备维修和保养可延长设备的物质寿命，但不能从根本上避免

---

1 姜慧, 陈晓红. 建筑工程经济 [M]. 武汉：武汉理工大学出版社，2014.

设备的磨损，任何一台设备磨损到一定程度时，都必须进行更新。因为随着设备使用时间的延长，设备不断老化，维修所支出的费用也逐渐增加，从而出现恶性使用阶段，即经济上不合理的使用阶段。因此，设备的自然寿命不能成为设备更新的估算依据。

（2）设备的技术寿命。由于科学技术迅速发展，一方面，对产品的质量和精度的要求越来越高；另一方面，也不断涌现出技术上更先进、性能更完善的机械设备，这就使得原有设备虽还能继续使用，但因不能保证产品的精度、质量和技术要求而被淘汰。因此，设备的技术寿命就是指设备从投入使用到因技术落后而被淘汰所延续的时间，即指设备在市场上维持其价值的时间，故又称有效寿命。例如一部手机，即使完全没有使用过，它也会被功能更为完善、技术更为先进的手机所取代，这时它的技术寿命可以认为等于零。由此可见，技术寿命主要是由设备的无形磨损所决定的，它一般比自然寿命要短，而且科学技术进步越快，技术寿命越短。所以，在估算设备寿命时，必须考虑设备技术寿命期限的变化特点及其使用过程中受到的制约或影响。

（3）设备的折旧寿命。设备的折旧寿命是指按现行会计制度规定的折旧原则和方法，将设备的原值通过折旧的形式转入产品成本，直到提取的折旧费累计额达到设备原值与预计净残值间差额所经历的全部时间。折旧寿命的确定除考虑设备自然寿命、技术寿命因素外，还应考虑国家技术政策、产业政策，以及财政税收状况。折旧寿命一般短于设备的自然寿命和技术寿命。

（4）设备的经济寿命。设备的经济寿命是指设备从投入使用开始，到继续使用在经济上不合理而被更新所经历的时间。它是由设备维护费用的提高和使用价值的降低决定的。设备使用年限越长，所分摊的各年资产消耗成本越少。但是随着设备使用年限的增加，一方面需要更多的维修费维持原有功能；另一方面机器设备的操作成本及原材料、能源耗费也会增加，年运行时间、生产效率、质量将下降。因此，年资产消耗成本的降低，会被年度运行成本的增加或收益的下降所抵消。在整个变化过程中存在着某一年份，设备年平均使用成本最低，经济效益最好。

（二）建筑工程项目设备的修理

在实践中，通常把为保持设备在平均寿命期限内的完好使用状态而进行的局部更换或修复工作叫作维修或修理。按其经济内容来讲，这种必要的维修工作可分为日常维护、小修理、中修理和大修理等形式。

日常维护是指与拆除和更换设备中被磨损的零部件无关的一些维修内容，诸如设备的润滑与保洁，定期检验与调整，消除部分零部件的磨损，等等。

小修理是工作量最小的计划修理，指设备使用过程中为保证设备工作能力而进行的调整、修复或更换个别零部件的修理工作。

中修理是进行设备部分解体的计划修理，其内容有：更换或修复部分不能用到下次计划修理期的磨损零件，通过修理、调整，使规定修理部分基本恢复到出厂时的功能水平以满足工艺要求，修理后应保证设备在一个中修间隔期内能正常使用。

大修理是最大的一种计划修理，它是在原有实物形态上的一种局部更新。它是通过对设备全部解体，修理耐久的部分，更换全部损坏的零部件，修复所有不符合要求的零部件，全面消除缺陷，以使设备在大修理之后，无论在生产率、精确度、速度等方面达到或基本达到原设备的出厂标准。大修理是设备修理工作中规模最大、花费最高的修理，因此，设备磨损后要大修还是更新，应该进行经济分析。

设备大修理能够利用现有设备大部分零部件，并在一定程度上恢复设备的效能水平，这与购置新设备相比具有很大的优越性。但随着设备大修理次数的增多，设备劣化程度逐次加深，大修理费用越来越高，大修理间隔期也越来越短，大修理的经济性也越来越差。因此，在决策设备大修理时，需要与设备更新的效果进行比较。设备大修理应满足以下两个条件：

第一，大修理费用不能超过购置同类型新设备的重置价格与现有设备被替换后的净残值之差。即：

$$R_n P - L \qquad (5-3)$$

式中：R——大修理费用；

P——同类型新设备的重置价格；

L——现有设备被替换后的净残值。

这是因为大修理费用 R 如超过购置同类型新设备的重置价格与现有设备净残值之差，就不如直接利用大修理费用和现有设备净残值之和购置新设备。上式成立的前提是设备在大修理后的效能水平与同类型新设备相同，但实际上大修理后的设备效能水平大部有所下降。因此，$R_n P - L$ 仅是设备大修理的必要条件。

第二，现有设备大修理后的单位产品生产成本 C_p 不能高于同类型新设备的单位产品生产成本 C_n，即：

$$C_{p_n} C_n \qquad (5-4)$$

其中：

$$C_p = \frac{(R + \Delta V_p)(A/P, i, T_p)}{Q_{Ap}} + C_{op} \qquad (5-5)$$

$$C_n = \frac{\Delta V_n (A/P, i, T_n)}{Q_{An}} + C_{on} \qquad (5-6)$$

式中：cp——现有设备大修理后的单位产品生产成本；

cn——同类型新设备的单位产品生产成本；

ΔV_p、ΔV_n——现有设备大修理后、同类型新设备运行到下一次大修理期间的价值损耗现值；

T_p、T_n——现有设备大修理后、同类型新设备运行到下一次大修理期的间隔年数；

Q_{Ap}、Q_{An}——现有设备大修理后、同类型新设备运行到下一次大修理期间的年均产量；

C_{op}、C_{on}——现有设备大修理后、同类型新设备运行到下一次大修理期间的产品单位经营成本。

（三）建筑工程项目设备租赁与购置

设备租赁是设备承租人（使用人）按照合同规定按期向设备出租人（所有人）支付一定费用而取得设备使用权的一种经济活动。设备租赁一般有融资租赁和经营租赁两种方式。

融资租赁一般租赁期较长，租赁双方承担确定时期的租让和付费义务，不得任意中止和取消租约。该方式常适用于技术更新快、临时或短期使用的车辆、设备和仪器。

经营租赁一般租赁期较短，租赁双方的任何一方可以随时以一定的方式在通知对方后的规定期限内取消或中止租约。该方式常用于资金不足的企业租赁生产经营长期需要的贵重和大型设备。对于承租人而言，设备租赁与设备购买相比的优点在于：第一，在资金短缺的情况下，既可用较少的资金获得生产急需的设备，也可以引进先进设备，加速技术进步的步伐；第二，可获得良好的技术服务；第三，可以保持资金的流动状态，防止呆滞，也不会使企业资产负债状况恶化；第四，可避免通货膨胀和利率波动的冲击，减少投资风险；第五，设备租金可在所得税前扣除，能享受税费上的利益。

设备租赁与设备购买相比的不足之处在于：第一，在租赁期间承租人对租用设备无所有权，只有使用权，故承租人无权随意对设备进行改造，不能处置设备，也不能用于担保、抵押贷款；第二，承租人在租赁期间所交的租金总额一般比直接购置设备的费用要高；第三，长年支付租金，形成长期负债；第四，融资租赁合同规定严格，毁约要赔偿损失、罚款较多等。

融资租赁是企业应对资金不足、确保生产经营需要的一个融资手段，不是企业自主经营的结果。因此，本节不考虑设备融资租赁与设备购置的经济分析。

对于承租人来说，选择购置设备或是租赁设备应取决于这两种方案在经济上的比较，比较的原则和方法与一般的互斥投资方案的比选方法相同。进行设备经营租赁与购置方案的经济比选时，必须详细地分析各方案寿命期内各年的现金流量情况，据此分析各方案的经济效益并进行比较，从而确定以何种方式投资才能获得最佳收益。租赁费用主要包括租赁保证金、担保费和租金。

1. 租赁保证金。为了确认租赁合同并保证其执行，承租人必须先交纳租赁保证金。当租赁合同结束时，租赁保证金将被退还给承租人或在偿还最后一期租金时加以抵消。租赁保证金一般按合同金额的一定比例计，或是某一基期数的金额（如一个月的租金额）。

2. 担保费。出租人一般要求承租人请担保人对租赁交易进行担保，当承租人由于财务危机付不起租金时，由担保人代为支付租金。一般情况下，承租人需要付给担保人一定数目的担保费。

3. 租金。租金是签订租赁合同的一项重要内容，直接关系到出租人与承租人双方的经济利益。出租人要从取得的租金中得到出租资产的补偿和收益，即要收回租赁资产的购进原价、贷款利息、营业费用和一定的利润；承租人则要根据租金核算成本。影响租金的因素很多，如设备的价格、融资的利息及费用、各种税金、租赁保证金、运费、租赁利差、各种费用的支付时间，以及租金采用的计算公式等。

二、建筑工程项目设备更新经济分析

（一）建筑工程项目设备更新经济分析的原则

设备更新就实物形态而言，是用新的设备替换陈旧落后的设备；就价值形态而言，是重新补偿设备在运动中消耗掉的价值。设备更新是消除设备有形磨损和无形磨损的重要手段，目的是为了提高企业生产的现代化水平，尽快形成新的生产能力。设备更新分析是企业生产发展和技术进步的客观需要，对企业的经济效益有着重要的影响。过早的设备更新，将造成资金的浪费，失去其他的收益机会；设备更新过迟，将造成生产成本的迅速上升，失去竞争的优势。因此，设备是否更新、何时更新、选用何种设备更新，既要考虑技术发展的需要，又要考虑经济效益。由于设备更新的特殊性，设备更新经济分析具有其自身的原则。

1. 常采用年度费用进行比较。在比较设备更新方案时，通常假定设备产生的收益是相同的，因此，只对它们的费用进行比较。对于寿命期不同的互斥型方案，用年度费用进行比较可以大大减少工作量。

2. 站在客观的立场分析问题。进行设备更新的要点是站在客观的立场上，而不是站在旧设备的立场上考虑问题。站在客观立场上意味着站在咨询师的立场上分析问题，咨询师并不拥有任何资产，故若要保留旧资产，首先要付出相当于旧资产当前市场价值的现金，才能取得旧资产的使用权。这是设备更新分析的重要概念。

3. 不考虑沉没成本。沉没成本是企业过去投资决策发生的、非现在决策能改变（或不受现在决策影响）的、已经计入过去投资费用回收计划的费用。由于沉没成本是已经发生的费用，不管企业生产什么和生产多少，这项费用都不可避免地要发生，因此，现在决策对它不起作用。在设备更新分析中，对现有设备要注意的一个重要的问题，就是现有设备的最初购置费及会计账面余值。从经济分析的角度来看，它们属于沉没成本，将不予考虑，只考虑现有设备的现行市场价值，即现有的已使用若干年的设备的转让价格，或购置这样的使用若干年的同样设备的价格。这是因为，以前的购置费及其会计折旧的账面余值，都是在新设备出现以前所确定的现有设备价值，新设备的出现，必然使得现有设备过时，并降低其价值。因此，进行设备更新分析时，设备的价值应依据原设备目前实际价值计算，而不能按其原始价值或当前账面价值计算，即不考虑沉没成本。

沉没成本等于设备账目价值与当前市场价值之差，即：

沉没成本 = 设备账面价值 – 当前市场价值　　　　　　　　　　　　（5-7）

或：

沉没成本 =（设备原值 – 历年折旧费）– 当前市场价值　　　　　　（5-8）

4. 逐年滚动比较。逐年滚动比较原则是指在确定最佳更新时机时，应首先计算比较现有设备的剩余经济寿命和新设备的经济寿命，然后利用逐年滚动计算方法进行比较。

（二）建筑工程项目原型设备更新

原型设备更新就是用结构相同的新设备去更换有形磨损严重而不能继续使用的旧设备。即在现有设备使用期内还没有出现功能更完善、性能更优越的先进设备，现设备与替换设备类型完全相同，具有完全相同的经济属性（如设备年平均成本费用），当该设备使用到经济寿命期进行更新时，花费的年平均成本费用最小。若提前更新或延迟更新，都将花费更高的年平均成本费用，经济上均不合算。因此，原型设备更新的最佳时机就是设备的经济寿命期。原型设备更新经济分析即设备的经济寿命的确定。

（三）建筑工程项目新型设备更新

新型设备更新是以结构更先进、技术更完善、效率更高、性能更好、能源和原材料消耗更少的新型设备来替换那些技术上陈旧、经济上不宜继续使用的旧设备。在技术不断进步的条件下，由于无形磨损的作用，很可能在设备尚未使用到其经济寿命期，就已出现重置价格很低的同型设备或工作效率更高和经济效益更好的新型的同类设备。新型设备更新经济分析就是对新设备方案与旧设备方案进行比较分析，从而决定是现在马上购置新设备、淘汰旧设备，还是至少保留使用旧设备一段时间，再用新设备替换旧设备。新设备原始费用高，营运费和维修费低；旧设备目前净残值低，营运费和维修费高。设备更新的关键是新设备与现有设备相比的节约额是否比新设备投入的购置费用的价值要大，因此，必须进行权衡判断，才能做出正确的选择，一般情况下还要进行逐年比较。

由于新设备方案与旧设备方案的寿命在大多数情况下是不等的，各方案在各自的计算期内的净现值不具有可比性。因此，新型设备更新主要是用净年值或年成本进行分析。

第六章 建筑工程项目财务评价与国民经济评价

第一节 建筑工程项目财务评价与报表编制

一、建筑工程项目财务评价

（一）财务评价的目的与内容

企业是独立的经营单位，是投资后的直接承担者。财务评价是在确定的建设方案、投资估算和融资方案的基础上，从项目的投资者、经营者或企业的角度进行财务的可行性研究，是企业投资的基础。财务评价是在国家现行的财税制度和价格体系的前提下，从项目的角度出发，计算项目范围内的财务效益和费用，分析项目的盈利能力、清偿能力和财务生存能力等财务状况，据此评价项目在财务上的可行性。

1. 财务评价的目的

（1）从企业或项目角度出发，分析投资效果，判明企业投资所获得的实际利益。

（2）为企业制订资金规划提供依据。

（3）估算项目贷款偿还能力。

（4）为协调企业利益和国家利益提供依据。

2. 财务评价的内容

财务评价也称为财务分析。财务评价应在项目财务效益与费用估算的基础上进行。财务评价的内容应根据项目的性质和目标来确定。

（1）对于经营性项目财务评价应通过编制财务分析报表，计算财务指标，分析项目的盈利能力、清偿能力，判断项目在财务上的可接受性，明确项目对财务主体及投资者的价值贡献，为项目决策提供依据。对于非经营性项目财务分析主要分析项目的财务生存能力。

（2）财务分析可分为融资前分析和融资后分析，一般宜先进行融资前分析，在进行融资前分析结论满足要求的情况下，初步设定融资方案，再进行融资后分析。在项目建议书阶段，可只进行融资前分析。

（3）融资前分析应以动态分析为主，静态分析为辅。融资前动态分析应以营业收入、建设投资、经营成本和流动资金的估算方法为基础，考察整个计算期内的现金流入和现金流出，编制项目投资现金流量表，利用资金时间价值的原理进行折现，计算项目投资期内收益率和净现值等指标。融资前分析排除了融资方案变化的影响，从项目投资总获利能力的角度，考察项目方案设计的合理性。融资前分析的相关指标，应作为初步投资决策与融资方案研究的依据和基础。

（4）融资后分析应以融资前分析和初步的融资方案为基础，考察项目在拟定融资条件下的盈利能力、清偿能力和财务生存能力，判断项目方案在融资条件下的可行性。融资后分析用于比选融资方案，帮助投资者做出融资决策。

（5）融资后的盈利能力分析应包括动态分析和静态分析两种，动态指标包括下列两个层次：

第一，项目资本金现金流量分析，应在拟订的融资方案下，从投资者的角度，确定其现金流入和现金流出，编制项目资本金现金流量表，利用资金时间价值的原理进行折现，计算项目资本金财务内部收益率指标，考察项目资本金可获得的收益水平。

第二，投资各方现金流量分析，应从投资各方的实际收入和实际支出的角度，确定其现金流入和流出，分别编制投资各方现金流量表，计算投资各方的财务内部收益率指标，考察投资各方可获得的收益水平。当投资各方不按股本比例分配或有其他不对等收益时，可选择进行投资各方现金流量分析。

静态分析系指不考虑资金的时间价值，依据利润与利润分配表计算项目资本金利润率（ROE）和总投资收益率（ROI）指标。

（二）财务评价的步骤与作用

1. 财务分析的步骤

（1）选取财务评价基础数据与参数。包括主要投入品和产出品的价格、税率、利率、汇率、计算期、固定资产折旧率、无形资产和其他资产摊销年限、生产负荷及基准收益率等基础数据和参数。

（2）计算营业收入，估算成本费用。

（3）编制财务评价报表（财务分析报表）和财务评价辅助报表。财务评价报表主要有借款还本付息计划表、利润和利润分配表、财务计划现金流量表、资产负债表等。财务评价辅助报表主要用于投资、成本、利税的估算。

（4）计算财务评价指标，对项目盈利能力、清偿能力、抗风险能力和财务生存能力等进行分析。

（5）进行不确定性分析，包括盈亏平衡分析和敏感性分析等。

（6）编写财务评价报告。

2. 财务评价的作用

建设项目的财务评价无论是对项目投资主体，还是对为项目建设和生产经营提供资金的其他机构或个人，均具有重要的作用，主要表现如下：

（1）考察项目的财务盈利能力。项目的财务盈利水平如何，能否达到国家规定的基准收益率，项目投资主体能否取得预期的投资效益，项目的清偿能力如何，是否低于国家规定的投资回收期，项目债权人的权益是否有保障等，是项目投资主体、债权人，以及国家、地方各级决策部门、财政部门共同关心的问题。因此，一个项目是否值得兴建，首先要考察项目的财务盈利能力等各项经济指标，要进行财务评价。

（2）可用于制订适宜的资金规划。确定项目实施所需资金数额，根据资金的可能来源及资金的使用效益，安排恰当的用款计划及选择适宜的筹资方案，都是财务评价要解决的问题。项目资金的提供者们据此安排各自的出资计划，以保证项目所需资金能及时到位。

（3）为协调国家利益和企业利益提供依据。对某些国民经济评价后，财务评价不行，但又为国计民生所急需的项目，必要时可向国家提出采取经济优惠措施的建议，使项目具有财务上的生存能力。此时，财务评价可以为优惠方式及幅度的确定提供依据。

（4）为中外合资项目提供双方合作的基础。对中外合资项目的外方合营者而言，财务评价是做出项目决策的唯一依据。项目的财务可行性是中外双方合作的基础。

（三）财务评价的方法

财务评价的基本方法有确定性评价方法和不确定性评价方法。按不同的标志其方法有不同的分类。

1. 按评价方法的性质分类有定量分析和定性分析。定量分析是指对可度量因素的分析方法。定性分析是对无法精确度量的重要因素实行的估量分析方法。在项目财务评价中，应坚持定量分析与定性分析相结合、以定量分析为主的原则。

2. 按评价方法是否考虑时间因素分类有静态分析和动态分析。静态分析不考虑时间因素。动态分析考虑时间因素。在项目财务评价中，应坚持动态分析与静态分析相结合，以动态分析为主的原则。

3. 按评价是否考虑融资分类有融资前分析和融资后分析。融资前分析是指从项目投资总获利能力的角度，考察项目方案设计的合理性。融资后分析是指以融资前分析和初步的融资方案为基础，考察项目在拟定融资条件下的盈利能力、清偿能力和财务生存能力，判断项目方案在融资条件下的可行性，用于比选融资方案。

4.按项目评价的时间分类有事前评价、事中评价、事后评价。事前评价有一定的预测性，因而也就有一定的不确定性和风险性。事中评价是依据外部条件的变化而需要进行修改，重新进行评价，以决定原决策有无全部或局部修改的必要性。事后评价是总结评价项目投资决策的正确性，项目实施过程中项目管理的有效性等。

（四）财务评价的方案

1.独立型方案。独立型方案是指方案间互不干扰、在经济上互不相关的方案，即这些方案是彼此独立无关的，选择或放弃其中一个方案，并不影响其他方案的选择。其实质是在"做"与"不做"之间进行选择。独立方案在经济上是否可接受，取决于方案自身的经济性，对方案自身的经济性的检验叫作"绝对经济效果检验"。

2.互斥型方案。互斥型方案又称排他型方案，各个备选方案彼此可以相互代替，具有排他性。互斥型方案经济评价包含两部分内容：一是考察各个方案自身的经济效果，即进行"绝对经济效果检验"；二是考察哪个方案相对经济效果最优，即"相对经济效果检验"。通常缺一不可，只有在众多互斥方案中必选其一时才可单独进行"相对经济效果检验"。

（五）财务评价的数据确定

1.费用与效益识别

识别费用与效益是编制财务报表的前提。项目的财务效益是指项目实施后所获得的营业收入。对于适合增值税的经营项目，除营业收入外，其可得到的增值税返还也应作为补贴计入财务效益；对于非经营性项目，财务效益应包括可能获得的各种补贴收入。项目所支出的费用主要包括投资、成本费用和税金等。对工业投资项目来说，建设投资、流动资金投资、营业税、经营成本等是费用，而营业收入、资产回收、补贴等是效益。

折旧是固定资产价值转移到产品中的部分，是产品成本的组成部分。但由于设备和建筑物等固定资产与原材料等不同，不是一次随产品的出售而消失，而是随产品一次次的销售，以折旧的形式将其回收并聚集起来，形成补偿基金，到折旧期满，原有固定资产投资得到全部回收。因此，折旧是固定资产投资的回收。摊销费也具有类似特征。

2.价格与汇率

财务评价中的效益和费用的计算涉及价格问题，使用外汇或产品（服务）出口的项目还要涉及汇率问题。财务评价应采用以市场价格体系为基础的预测价格，即各种产品相对价格变动和价格总水平变动。由于建设期和生产经营期的投入产出情况不同，应区别对待。基于在投资估算中已经预留了建设期涨价预备费，因此建筑材料和设备等投入物，可采用一个固定的价格计算投资费用，其价格不必年年变动。在建设期内，一般应考虑投入的相对价格变动及价格总水平变动。

在运营期内，若能合理判断未来市场价格变动趋势，投入与产出可采用相对变动的价格；若难以确定投入与产出的价格变动，一般可采取项目运营期的价格；有要求时，也可考虑价格总水平的变动。营业收入和生产成本的价格可以含增值税，也可不含增值税，在评价时应予以说明。

生产运营期的投入物和产出物，应根据具体情况选用不变价格或者变动价格进行财务评价。

所谓不变价格，是指项目运营期内考虑价格相对变动和通货膨胀影响的固定价格。即在整个生产运营期内都用预测的固定价格，计算产品销售收入和原材料、燃料动力费用。

所谓变动价格，是指项目运营期内考虑价格相对变动或者同时考虑价格相对变动和通货膨胀影响的预测价格。这是指在项目生产运营期内考虑价格变动的预测价格。变动价格又分为两种情况：一是只考虑价格相对变动引起的变动价格；二是既考虑价格相对变动，又考虑通货膨胀因素引起的变动价格。采用变动价格是预测在生产运营期内每年的价格都是变动的。为简化起见，有些年份也可采用同一价格。

汇率的取值一般可按国家外汇管理部门公布的当前外汇牌价的卖出买入的中间价，也可以采用预期的实际结算的汇率值。

进行盈利能力分析，一般采用只考虑相对价格变动因素的预测价格，计算不含通货膨胀因素的财务内部收益率等盈利性指标，不反映通货膨胀因素对盈利能力的影响。

3.项目计算期选取

工程项目经济评价的项目计算是指经济评价中为进行动态分析所设定的期限，包括建设期和运营期。建设期是指从项目资金正式投入开始到项目建成投资所需要的时间，可按合理工期或预计的建设进度确定。运营期分为投产期和达产期两个阶段，运营期一般应以项目主要设备的经济寿命确定，计算期一般不超过 20 年。计算期不宜定得太长，计算期过长，后期的净收益折为现值的数值相对较小，预测的数据会不准确。由于折现评价指标受计算时间的影响，对需要比较的项目或方案应取相同的计算期。

4.资金的规划

（1）资金结构与财务杠杆效应。使用不同来源的资金所需付出的代价是不同的。资金结构是指项目的资金来源与数量构成。资金的来源与数量的选择，与项目所需的资金含量有关，并且影响到项目的经济效果。

项目投资的盈利能力基本上不受融资方案的影响，可以反映项目方案本身的盈利水平，可供企业投资者和债权人决策是否值得投资或贷款。项目资本金的盈利能力反映企业投资者出资的盈利水平，反映企业从项目中获得的经济效果。因此，在有项目债务资金的情况下，一般来说，项目投资的效果与项目资本金的效果是不相同的。

财务杠杆效应是分析投资项目的资金结构，进行融资方案决策的重要依据。而事实上，对企业来说，在投资项目自身具有较好经济效果的情况下，借款的好处不仅限于获得财务效应。企业"举债经营"可以分散经营风险，从而降低经营风险，还可以解决资金短缺问题等。

（2）资金运行的可行性。资金运行的可行性是指项目的资金安排必须使每期（年）资金能够保证该期（年）项目的正常运转，即每期的资金来源加上期的结余必须足以支付本期所需要的使用资金；否则，即使项目的经济效果很好也无法实施。项目计算期内的资金来源与资金运用情况由财务计划现金流量表给出。判断项目在计算期内资金运行可行性的条件是累计盈余资金＞0，如果某期的累计盈余资金出现负值，表明该期出现资金短缺，必须事先筹集资金弥补缺口或者修改项目计划，甚至重新制订项目方案。

（3）债务偿还。

第一，债务借款资金的来源。借款可以是国外借款和国内借款。国外借款通常用外汇来偿还，外汇比国内资金更为稀缺，需要专门分析。企业偿还国内借款的资金来源通常有所得税后利润、折旧费、摊销费、营业外净收入等其他收入。企业必须按照政府部门对偿还借款的资金规定及有关法规，估算出每年可用于还款的资金数额。

第二，借款利息的计算。如果按实际提款、还款日期计算借款利息将十分繁杂。通常可简化为长期借款的当年借款按半年计息，当年归还的贷款按全年计息，利息计算公式如下：

计算期年利息额（纯借款期）=（年初借款本息累计 + 本年借款额 /2）× 年利率

（6-1）

运营期年利息额（还款期）= 年初借款累计 × 年利率　　　　　（6-2）

当建设期用项目资本金按期支付利息时，年利率采用名义年利率。若按复利方式计息，年利率采用有效年利率，即实际年利率。流动资金借款及其他短期借款，均按全年计息。

第三，借款偿还期。借款偿还期是指从开始借款到偿清借款本息所经历的时间。借款的还款方式有许多种，不同的还款方式每期的还本付息额不同，因而借款偿还期可能不同，如果计算出的借款偿还期大于债权人规定的期限，则说明企业还款能力不足。此时要进行分析，并在财务上甚至技术方案及投资计划上采取措施，直至偿还能力满足债权人的限定期。

5.基准收益率

基准收益率也称基准折现率，是企业或行业投资者从动态的观点所确定的、可接受的投资方案最低标准的收益水平。基准收益率确定得合理与否，对投资方案经济效果的评价结论有直接的影响。

（1）财务基准收益率的测定规定。

第一，政府投资项目及按政府要求进行财务评价的建设项目，采用行业的财务基准收益率。

第二，企业投资建设项目，选用行业财务基准收益率。

第三，境外投资的建设项目财务基准收益率的测定，应首先考虑国家风险因素。

第四，投资者自行测定项目的最低可接受财务收益率，除应考虑行业财务基准收益率外，还包括：①资金成本。基准收益率最低限度不应小于资金成本。②机会成本。基准收益率应不低于单位投资的机会成本。③与投资风险成正比，资金密集项目的风险高于劳动密集的；资产专用性强的高于资产通用性强的；以降低生产成本为目的的低于以扩大产量、扩大市场份额为目的的。从主观上看，资金雄厚的投资主体的风险低于资金拮据的。④通货膨胀。是指由于货币（这里指纸币）的发行量超过商品流通所需要的货币量而引起的货币贬值和物价上涨的现象。通货膨胀以通货膨胀率来表示，通货膨胀率主要表现为物价指数的变化，即通货膨胀率约等于物价指数变化率。

确定基准收益率的基础是资金成本和机会成本，而投资风险和通货膨胀则是必须考虑的影响因素。

（2）财务基准收益率的调整。若项目风险较大，在确定最低可接受财务收益率时可适当调整提高其取值。如项目投入物属紧缺资源的项目、项目投入物大部分需要进口的项目、项目产出物大部分用于出口的项目、国家限制或可能限制的项目、国家优惠政策可能终止的项目、建设周期长的项目、市场需求变化较快的项目、竞争激烈领域的项目、技术寿命较短的项目、债务资金比例高的项目、资金来源单一且存在资金提供不稳定因素的项目、在国外投资的项目、自然灾害频发地区的项目、研发新技术的项目等。

（3）基准收益率的测定方法。基准收益率的测定方法可采用资本资产定价模型法、加权平均资金成本法、典型项目模拟法和德尔菲专家调查法等。

二、建设工程项目财务报表的编制

为了计算财务指标，考察项目的盈利能力、清偿能力以及抗风险能力等财务状况，需要在编制财务评价辅助报表的基础上编制财务评价报表。

（一）财务基础数据测算表

1.进行财务效益和费用估算，需要编制的财务分析辅助报表有建设投资估算表，建设期利息估算表，流动资金估算表，项目总投资使用计划与资金筹措表，营业收入、营业税金及附加和增值税估算表，总成本费用估算表。

2.财务基础数据测算表之间的相互关系。各财务基础数据测算表之间的关系如图 6-1 所示[1]。

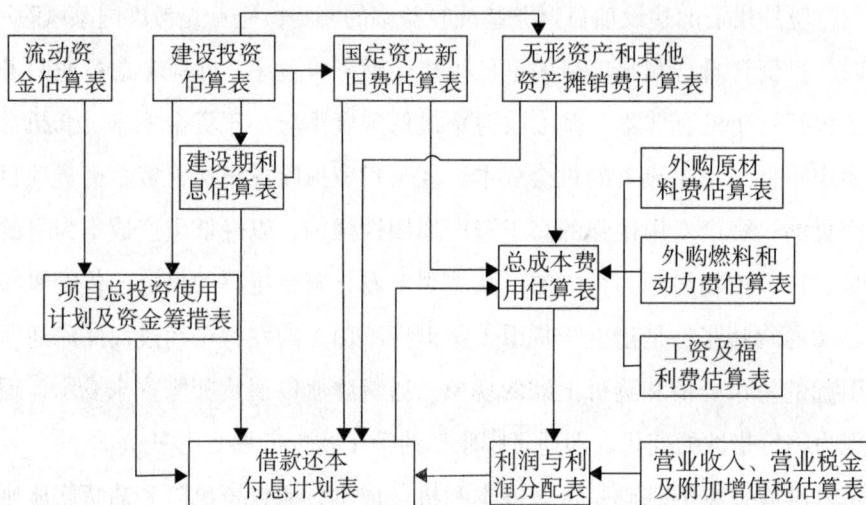

图 6-1 各财务基础数据测算表关系

在完成项目市场调查与预测、项目策划、项目投资与成本费用估算、项目收入估算与资金筹措计划编制等基础工作后，就可以通过编制财务报表，计算财务评价指标，对开发项目的财务盈利能力、清偿能力和资金平衡情况进行财务评价。

（二）财务评价基本报表

财务评价基本报表包括现金流量表、利润与利润分配表、资金来源与运用表、损益表、

1　章喆，胡毓.建筑工程经济 [M].郑州：黄河水利出版社，2010.

财务计划现金流量表、资产负债表、借款还本付息表等。

1. 现金流量表

现金流量表反映建设项目生产经营期内各期的现金流入和现金流出，用以计算各项动态评价指标和静态评价指标，进行建设项目财务盈利能力分析。按投资计算基础的不同，现金流量表分为以下类型：

（1）全部投资现金流量表见表 6-1[1]。不分投资资金来源，以全部投资作为计算基础，用以计算全部投资财务内部收益率、财务净现值及投资回收期等评价指标，考察项目全部投资的盈利能力，为对各个投资方案进行比较建立共同的基础。

表 6-1 项目投资现金流量表（单位：万元）

序号	项目	合计	计算期				
			1	2	3	…	n
1	现金流入						
1.1	营业收入						
1.2	补贴收入						
1.3	回收固定资产余额						
1.4	回收流动资金						
2	现金流出						
2.1	建设投资						
2.2	流动资金						
2.3	经营成本						
2.4	营业税金及附加						
2.5	维持运营投资						
3	所得税前净现金流量（1-2）						
4	累计所得税前净现金流量						
5	调整所得税						
6	所得税后净现金流量（3-5）						
7	累计所得税后净现金流量						

计算指标：1）项目投资财务内部收益率（%）（所得税前）

2）项目投资财务内部收益率（%）（所得税后）

3）项目投资财务净现值（所得税前）（i_c=%）

4）项目投资财务净现值（所得税后）（i_c=%）

5）项目投资回收期（年）（所得税前）

6）项目投资回收期（年）（所得税后）

（2）项目资本金现金流量表见表 6-2。从投资者整体的角度出发，以投资者的出资额作为计算基础，把借款本金偿还和利息支付视为现金流出，用以计算资本金财务内部

1　本节表格均引自：章喆，胡毓.建筑工程经济 [M].郑州：黄河水利出版社，2010.

收益率、财务净现值等评价指标，考察项目资本金的盈利能力。

表 6-2 项目资本金现金流量表（单位：万元）

序号	项目	合计	计算期					
			1	2	3	4	…	n
1	现金流入							
1.1	营业收入							
1.2	补贴收入							
1.3	回收固定资产余额							
1.4	回收流动资金							
2	现金流出							
2.1	项目资本金							
2.2	借款本金偿还							
2.3	借款利息支付							
2.4	经营成本							
2.5	营业税金及附加							
2.6	所得税							
2.7	维持运营投资							
3	净现金流量							
计算指标：资本金财务内部收益率（%）								

（3）投资各方现金流量表见表 6-3。该表以投资者各方的出资额作为计算基础，用以计算投资各方财务内部收益率、财务净现值等评价指标，反映投资者各方投入资本的盈利能力。

表 6-3 投资各方现金流量表（单位：万元）

序号	项目	合计	计算期				
			1	2	3	…	n
1	现金流入						
1.1	实际利润						
1.2	资产处置收益分配						
1.3	租赁费收入						
1.4	技术转让或使用收入						
1.5	其他现金流入						
2	现金流出						
2.1	实缴资本						
2.2	租赁资产支出						
2.3	其他现金流出						
3	净现金流量（1-2）						
计算指标：投资各方财务内部收益率（%）							

注：本表可按不同投资方分别编制。

2. 利润与利润分配表

利润与利润分配表见表 6-4，该表反映项目计算期内各年的利润总额、所得税和税后利润及其分配情况，用以计算投资利润率、投资利税率、资本金利润率等指标。

表 6-4 利润与利润分配表（单位：万元）

序号	项目	合计	计算期				
			1	2	3	…	n
1	营业收入						
2	营业税金						
3	总成本费用						
4	补贴收入						
5	利润总额（1-2-3+4）						
6	弥补以前年度亏损						
7	应纳税所得额（5-6）						
8	所得税						
9	净利润（5-8）						
10	期初未分配利润						
11	可供分配的利润（9+10）						
12	提取法定盈余公积金						
13	可供投资者分配的利润（11-12）						
14	应付优先股股利						
15	提取任意盈余公积金						
16	应付普通股股利（13-14-15）						
17	各投资方利润分配						
	其中：××方						
	××方						
18	未分配利润（13-14-15-17）						
19	息税前利润（利润总额＋利息支出）						
20	息税折旧摊销前利润（息税前利润＋折旧＋摊销）						

3. 损益表

损益表反映建设项目生产经营期内各期的利润总额、所得税及各期税后利润的分配情况，用以计算投资利润率、资本金利润率及资本金净利润率等评价指标。

应该指出的是，企业发生的年度亏损，可以用下一年度的所得税前利润弥补，下一年度税前利润不足以弥补的，可以在 5 年内延续弥补。5 年内不足以弥补的，用税后利润弥补。在实际操作中，开发项目的所得税，采用按销售收入一定比例预征的方式，即不论项目整体上是否已经盈利，只要实现了销售收入，就按其一定比例征收所得税。

税后利润的分配顺序，首先是弥补企业以前年度的亏损，然后是提取法定盈余公积金和公益金，之后是可向投资者分配的利润。

4. 财务计划现金流量表

财务计划现金流量表见表 6-5。该表反映项目计算期各年的投资、融资及生产经营活动的资金流入和资金流出，考察资金平衡和余缺情况。通过"累计盈余资金"项反映项目计算期内各年的资金是否充裕（是盈余还是短缺），是否有足够的能力清偿债务等。

若累计盈余资金大于零，则表明当年有资金盈余；若累计盈余资金小于零，则表明当年会出现资金短缺，需要筹措资金或调整借款及还款计划。因此，该表可用于选择资金的筹措方案，制订适宜的借款及还款计划，并为编制资产负债表提供依据。

表 6-5 财务计划现金流量表（单位：万元）

序号	项目	合计	计算期				
			1	2	3	⋯	n
1	经营活动净现金流量						
1.1	现金流入						
1.1.1	营业收入						
1.1.2	增值税销项税额						
1.1.3	补贴收入						
1.1.4	其他流入						
1.2	现金流出						
1.2.1	经营成本						
1.2.2	增值税进项税额						
1.2.3	营业税及附加						
1.2.4	增值税						
1.2.5	所得税						
1.2.6	其他流出						
2	投资活动净现金流量（2.1-2.2）						
2.1	现金流入						
2.2	现金流出						
2.2.1	建设投资						
2.2.2	维持运营投资						
2.2.3	流动资金						
2.2.4	其他流出						
3	筹资活动净现金流量（3.1-3.2）						
3.1	现金流入						
3.1.1	项目资本金投入						
3.1.2	建设投资借款						
3.1.3	流动资金借款						
3.1.4	债券						
3.1.5	短期借款						
3.1.6	其他流入						
3.2	现金流出						
3.2.1	各种利息支出						
3.2.2	偿还债务本金						
3.2.3	应付利润（股利分配）						
3.2.4	其他流出						
4	净现金流量（1+2+3）						
5	累计盈余资金						

5. 资产负债表

资产负债表见表 6-6。该表反映项目在计算期内各年年末全部资产、负债和所有者权益的增量变化及对应关系，以考察项目资产、负债、所有者结构是否合理。在建设项目进行独立的财务评价时，不需要编制资产负债表。但当投资一个新的项目时，通常需要编制该项目的资产负债表，以计算资产负债率、流动比率、速动比率等反映项目资金流动性和清偿能力的指标。

表 6-6 资产负债表（单位：万元）

序号	项目	合计	计算期				
			1	2	3	…	n
1	资产						
1.1	流动资产总额						
1.1.1	货币资金						
1.1.2	应收账款						
1.1.3	预付账款						
1.1.4	存货						
1.1.5	其他						
1.2	在建工程						
1.3	固定资产净值						
1.4	无形资产及其他资产净值						
2	负债及所有者权益（2.4+2.5）						
2.1	流动负债总额						
2.1.1	短期借款						
2.1.2	应付账款						
2.1.3	预收账款						
2.1.4	其他						
2.2	建设投资借款						
2.3	流动资金借款						
2.4	负债小计（2.1+2.2+2.3）						
2.5	所有者权益						
2.5.1	资本金						
2.5.2	资本公积金						
2.5.3	累计盈余公积金						
2.5.4	累计未分配利润						
计算指标：资产负债率（%）、流动比率（%）、速动比率（%）							

6. 借款还本付息计划表

借款还本付息计划表见表 6-7，主要用于反映项目计划期内各年的借款、还本付息、偿债资金的来源，计算借款偿还期或者偿债备付率、利息备付率。

表 6-7 借款还本付息计划表 （单位: 万元）

序号	项目	计算期				合计
		1	2	...	n	
1	借款					
1.1	期初借款余额					
1.2	当期借款					
1.3	当期应付利息					
1.4	当期还本付息					
	其中: 还本					
	付息					
1.5	期末本息					
2	债券					
2.1	期初债务余额					
2.2	当期发行债券					
2.3	当期应计利息					
2.4	当期还本付息					
	其中: 还本					
	付息					
2.5	期末本息余额					
3	借款和债券的合计					
3.1	期初余额					
3.2	当期借款					
3.3	当期应计利息					
3.4	当期还本付息					
	其中: 还本					
	付息					
3.5	期末余额					
4	还本资金来源					
4.1	当期可用于还本的未分配利润					
4.2	当期可用于还本的折旧和摊销					
4.3	以前年度结余可用于还本资金					
4.4	用于还本的短期借款					
4.5	可用于还款的其他资金					

第二节　建筑工程项目国民经济评价

一、国民经济评价的认知

国民经济评价是指从国民经济整体利益出发，遵循费用与效益统一划分的原则，用影子价格、影子工资、影子汇率和社会折现率计算分析项目给国民经济带来的净增量效益，以此来评价项目的经济合理性和宏观可行性，实现资源的最优利用和合理配置。国民经济评价是工程项目经济评价的重要组成部分。

相对于人们的需要，任何一个国家的资源都是有限的，而一种资源用于某一方面，其他方面就不得不减少这种资源的使用量，这就使国家必须按照一定的准则对资源的配置做出合理的选择。例如，公路建设项目，就该项目自身而言，如果是公益性的基础设施建设，不是收费公路，则在财务上项目没有收费，无法进行财务上的评价；但从国民经济的整体来看，公路的建设将大大增加旅客、货物的运输量，节约旅客、货物的在途时间，缓解其他道路的拥挤状况，给周边地区的土地带来增值等，这些都是国民经济效益。再例如小型冶炼厂，虽然在财务上有生存能力，也能为某一小区域的经济带来效益，但是，它造成的严重环境污染和资源浪费，都是国民经济付出的代价。因此许多项目的实施，不仅仅要考虑项目本身的效益和费用情况，也要考虑到该项目对整个国民经济产生的影响，即由国民经济评价为该类项目是否可行提供决策依据。

（一）国民经济评价的主要作用

国民经济评价是针对项目所进行的宏观效益分析，其主要目的是实现国家资源的优化配置和有效利用，以保证国民经济能够可持续地稳定发展。国民经济评价的作用主要体现在以下方面：

1. 可以从宏观上优化配置国家的有限资源。对于一个国家，资金、土地、劳动等用于发展的资源总是有限的，资源的稀缺与社会需求的增长之间存在着较大的矛盾。只有通过优化资源配置，使资源得到最佳利用，才能有效地促进国民经济的发展。只有通过国民经济评价，才能从宏观上引导国家对有限的资源进行合理配置，鼓励和促进那些对国民经济有正面影响的项目的发展，而相应抑制和淘汰那些对国民经济有负面影响的项目。

2. 可以真实反映工程项目对国民经济的净贡献。对于包括中国在内的很多国家，由于产业结构不合理、市场体系不健全以及过度保护民族工业等原因，导致国内的价格体系产生比较严重的扭曲和失真，不少商品的价格既不能反映价值，也不能反映供求关系。在此情况下，按现行价格计算工程项目的投入与产出，无法正确反映项目对国民经济的影响。只有通过国民经济评价，运用能反映商品真实价值的影子价格来计算项目的费用与效益，才能真实反映工程项目对国民经济的净贡献，从而判断项目的建设对国民经济总目标的实现是否有利。

3. 可以使投资决策科学化。通过国民经济评价，合理运用经济净现值、经济内部收益率等指标以及影子汇率、影子价格、社会折现率等参数，可以有效地引导投资方向，控制投资规模，提高计划质量。对于国家决策部门和经济计划部门，必须高度重视国民经济评价的结论，把工程项目的国民经济评价作为重要的决策手段，使投资决策科学化。

（二）国民经济评价的基本原理

项目的国民经济评价使用基本的经济评价理论，采用费用—效益分析方法，即费用与效益比较的理论方法，寻求以最小的投入（费用）获取最大的产出（效益）。国民经济评价采取"有无对比"方法识别项目的费用和效益；采取影子价格理论方法估算各项费用和效益；采用现金流量分析方法，使用报表分析，采用内部收益率、净现值等经济盈利性指标进行定量的经济效益分析。

国民经济评价的主要工作包括：识别国民经济的费用与效益、测算和选取影子价格、编制国民经济评价报表、计算国民经济评价指标并进行方案比选。

"有无对比"方法是经济评价的基本方法，在项目的国民经济评价中，采取将"有"项目与"无"项目两种不同条件下国民经济的不同情况对比，识别项目的费用和效益。"对比"方法是经济学中一般的方法，项目的不同方案之间的对比是两种方案费用和效益识别的基本方法。在实践中，也采取将两种方案分别与"无"方案对比，再将结果比较，识别和计算两个方案的差别费用效益。

影子价格理论最初来自求解数学规划，在求解一个"目标"最大化数学规划的过程中，发现每种"资源"对于"目标"都有着边际贡献。即这种"资源"每增加一个单位，"目标"机会就会增加一定的单位，不同的"资源"有着不同的边际贡献。这种"资源"对于目标的边际贡献，被定义为"资源"的影子价格。国民经济评价中采用了这种影子价格的基本思想，采取不同于财务价格的一种理论上的影子价格衡量项目耗用资源及产出贡献的真实价值。

从理论上来说，如果有办法将国民经济归纳为一个数学规划，各种资源及产品的影子价格可以由求解规划统一确定，但实践中目前还不具备这样做的能力。实践中采取替代用途、替代方案分析来估算项目的各种投入和产出的影子价格。对于项目的投入物，影子价格是其所有其他用途中价值最高的价格。对于项目的产出物，影子价格采用其替代供给产品的最低成本或用户支付意愿中的较低者。

国民经济评价中，方案优化遵循基本的经济分析法则。国民经济评价目标是资源的最优配置，资源使用获得最大的经济效益。实践中，通常采取总量效益最大化或单位效率最大化两种方法。从资源的最有效利用考虑，总量效益最大化是基本原则。在使用单位效率最大化方法时，需要分析是否会与总量效益最大化的原则相冲突。

（三）国民经济评价的内容

需要进行国民经济评价的项目及其内容主要有以下方面：

1. 基础设施项目和公益性项目。财务评价通过市场价格度量项目的收支情况，考察项目的盈利能力和偿债能力。在市场经济条件下，企业财务评价可以反映出项目给企业带来的直接效益。但由于外部经济性的存在，企业财务评价不可能将项目产生的效益全部反映出来。尤其是铁路、公路、市政工程、水利电力等项目，外部效益非常显著，必须采用国民经济评价将外部效益内部化。

2. 市场价格不能真实反映价值的项目。由于某些资源的市场不存在或不完善，这些资源的价格为零或很低，因而往往被过度使用。另外，由于国内统一市场尚未形成，或国内市场未与国际市场接轨，失真的价格会使项目的收支状况变得过于乐观或过于悲观，因而有必要通过影子价格对失真的价格进行修正。

3. 资源开发项目。自然资源、生态环境的保护和经济的可持续发展，意味着为了长远整体利益，有时必须牺牲眼前的局部利益。那些涉及自然资源保护、生态环境保护的项目，必须通过国民经济评价客观选择社会对资源使用的时机，如国家控制的战略性资源开发项目、动用社会资源和自然资源较大的中外合资项目等。

（四）国民经济评价的步骤

国民经济评价可以在财务评价的基础上进行，也可直接进行。

1. 在财务评价的基础上进行国民经济评价的程序

（1）经济价值调整：剔除在财务评价中已计算为效益或费用的转移支付，增加财务评价中未反映的外部效果，用影子价格计算项目的效益和费用。

（2）编制国民经济评价基本报表。

（3）依据基本报表进行国民经济评价指标计算。

（4）依据国民经济的基准参数和计算指标进行国民经济评价。

2. 直接进行国民经济评价的程序

（1）识别和计算项目的直接效益、间接效益、直接费用、间接费用，以影子价格计算项目效益和费用。

（2）编制国民经济评价基本报表。

（3）依据基本报表进行国民经济评价指标计算。

（4）依据国民经济评价的基准参数和计算指标进行国民经济评价。

以上两种方法，区别在于效益和费用的计算程序不同。国民经济评价各步骤之间的关系可用图 6-2[1] 表示。

---

1 闫魁星，佘勇，程玮. 建筑工程经济 [M]. 上海：上海交通大学出版社，2015.

第一步：国足经
济评价效益和费
用计算

| 直接投入物 | 基准参数 | 直接产出品 |

| 间接投入物 | 费用与效益 | 间接产出品 |

第二步：编制基
本报表

| 全部投资经济现金流量表 | 国内投资经济现金流量表 | 经济外汇流量表 |

第三步：指标
计算

| 国民经济盈利能力指标计算 | 外汇效果指标计算 | 风险预测 |

第四步：国民经
济评价

| 盈利能力分析 | 外汇效果分析 | 不确定性分析 |

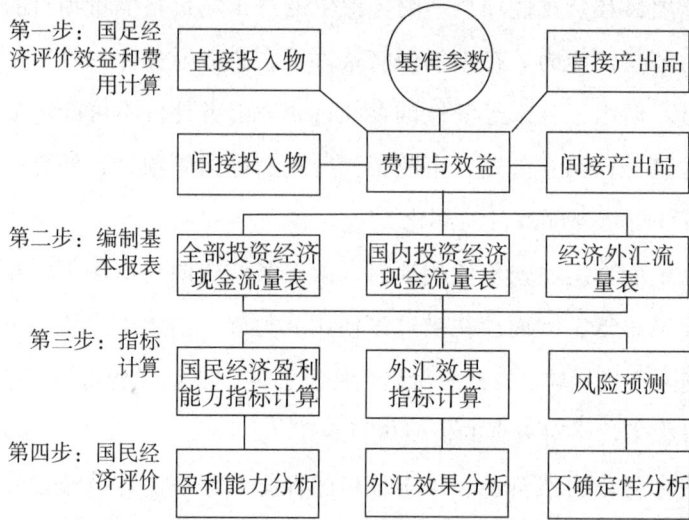

图 6-2 国民经济评价的程序

（五）财务评价与国民经济评价

工程项目财务评价和国民经济评价的结论是项目决策的主要依据。财务评价注重的是项目的盈利能力和财务生存能力，而国民经济评价注重的则是国家经济资源的合理配置及项目对整个国民经济的影响。财务评价是国民经济评价的基础，国民经济评价则是财务评价的深化。两者相辅相成，互为参考和补充，既有联系又有区别。

1. 财务评价和国民经济评价的联系

财务评价和国民经济评价的联系见表 6-8[1]。

表 6-8 财务评价和国民经济评价的联系

序号	项目	内容
1	评价目的相同	都以寻求经济效益最好的项目为目的，都要寻求以最小的投入获得最大的产出
2	评价基础相同	都要在完成项目的市场预测、方案构思、投资估算和资金筹措的基础上进行，评价的结论也都取决于项目本身的客观条件
3	评价分析方法及评价指标类似	都采用现金流量法通过基本报表来计算净现值、内部收益率等经济指标，经济指标的含义也基本相同。两者也都是从项目的成本与收益着手，来评价项目的经济合理性及项目建设的可行性

2. 财务评价与国民经济评价的区别

财务评价与国民经济评价的区别见表 6-9[2]。

1 闫魁星，佘勇，程琤. 建筑工程经济 [M]. 上海：上海交通大学出版社，2015.
2 闫魁星，佘勇，程琤. 建筑工程经济 [M]. 上海：上海交通大学出版社，2015.

表6-9 财务评价与国民经济评价的区别

序号	项目	内容
1	评价的角度不同	财务评价是站在企业的立场，从项目的微观角度按照现行的财税制度去分析项目的盈利能力和贷款偿还能力，以判断项目的财务可行性；而国民经济评价则是站在国家立场，从国民经济综合平衡的宏观角度去分析项目对国民经济发展、国家资源配置等方面的影响，以分析项目的国民经济合理性
2	费用与效益的划分不同	财务评价根据项目的实际收支来计算项目的效益与费用，凡是项目的收入均计为效益，凡是项目的支出均计为费用，如工资、税金、利息都作为项目的费用，财政补贴则作为项目的效益；而国民经济评价则根据项目实际耗费的有用资源及项目向社会贡献的有用产品或服务来计算项目的效益与费用。在财务评价中作为费用或效益的税金、国内借款利息、财政补贴等，在国民经济评价中被视为国民经济内部转移支付，不作为项目的费用或效益。而在财务评价中不计为费用或效益的环境污染、降低劳动强度等，在国民经济评价中则需计为费用或效益
3	使用的价格体系不同	在分析项目的费用与效益时，财务评价使用的是以现行市场价格体系为基础的预测价格；而考虑到国内市场价格体系的失真，国民经济评价使用的是对现行市场价格进行调整后所得到的影子价格体系。影子价格能够更确切地反映资源的真实经济价值
4	采用的评价参数不同	财务评价采用的汇率是官方汇率，折现率采用因行业而异的行业基准收益率；而国民经济评价采用的汇率是影子汇率，折现率是国家统一测定的社会折现率
5	评价的组成内容不同	一般而言，财务评价主要包括盈利能力分析、清偿能力分析和外汇平衡分析三方面的内容；而国民经济评价只包括盈利能力分析和外汇效果分析两方面的内容

3. 财务经济评价结论与财务评价结论的关系

很多情况下，工程项目财务评价和国民经济评价的结论是一致的，但由于财务评价和国民经济评价有所区别，也有不少时候两种评价的结论是不同的。可能出现的四种情况及相应的决策原则如下：

（1）财务评价和国民经济评价均可行的项目，应予以通过。

（2）财务评价和国民经济评价均不可行的项目，应予以否定。

（3）财务评价不可行，国民经济评价可行的项目应予以通过，但国家和主管部门应采取相应的优惠政策，如减免税、财政补贴等，使项目在财务上具有生存能力。

（4）财务评价可行、国民经济评价不可行的项目，应予以否定或者重新考虑方案，进行"再设计"。

二、国民经济费用与效益

项目的国民经济效益是指项目对国民经济所做的贡献，分为直接效益和间接效益；项目的国民经济费用是指国民经济为项目付出的代价，分为直接费用和间接费用。

费用－效益法是发达国家广泛采用对项目进行国民经济评价的方法，也是联合国向发展中国家推荐的评价方法。所谓费用—效益分析，是指从国家和社会的宏观利益出发，通过对项目的经济费用和经济效益进行系统、全面的识别和分析,求得项目的经济净收益,并以此来评价项目的国民经济可行性。

费用与效益分析的核心是通过比较各种备选方案的全部预期效益和全部预计费用的现值来评价这些备选方案,并以此作为决策的参考依据。项目的效益是对项目的正贡献,而费用则是对项目的反贡献,或者说是项目的损失。必须指出的是,项目的效益和费用是两个相对的概念,都是针对特定的目标而言的。

例如,由于某生产化工原料的大型项目投产,使得该化工原料的价格下降,从而导致同行业利润的下降,对该行业来说,这是费用;但使用这种原料的生产商的成本则会下降,对这些生产企业来说,则是效益。因此,无论是什么样的项目,在分析、评价的过程中,都有一个费用与效益识别的问题。在项目的国民经济评价中,费用与效益识别通常是比较困难的。正确地识别费用与效益,是保证国民经济评价正确的前提。

(一)识别费用与效益的基本原则

1.基本原则。国民经济分析的目标是实现社会资源的最优配置,从而使国民收入最大化。凡是增加国民收入的,就是国民经济效益;凡是减少国民收入的,就是国民经济费用。

2.边界原则。财务分析从项目自身的利益出发,其系统分析的边界是项目。凡是流入项目的资金,就是财务效益,如销售收入;凡是流出项目的资金,就是财务费用,如投资支出、经营成本和税金。国民经济分析则从国民经济的整体利益出发,其系统分析的边界是整个国家。国民经济分析不仅要识别项目自身的内部效果,而且需要识别项目对国民经济其他部门和单位产生的外部效果。

3.资源变动原则。在计算财务收益和费用时,依据的是货币的变动。凡是流入项目的货币是直接效益;凡是流出项目的货币是直接费用。经济资源的稀缺性意味着一个项目的资源投入会减少这些资源在国民经济其他方面的可用量,从而减少了其他方面的国民收入。从这种意义上说,该项目对资源的使用产生了国民经济费用。凡是减少社会资源的项目投入都产生国民经济费用:凡是增加社会资源的项目产出都产生国民经济收益。

(二)直接效益和直接费用

1.直接效益的内容

直接效益是指由项目产出物直接产生,并在项目范围内计算的经济效益。直接效益的内容如下:

(1)增加项目产出物(或服务)的数量以增加国内市场的供应量,其效益就是所满足的国内需求。

（2）项目产出物（或服务）替代相同或类似企业的产出物（或服务），使被替代企业减产从而减少国家有用资源的耗用（或损失），其效益就是被替代企业释放出来的资源。

（3）项目产出物（或服务）增加了出口量，其效益就是增加的外汇收入。

（4）项目产出物（或服务）减少了进口量，即替代了进口货物，其效益为所节约的外汇支出。

2. 直接费用的内容

直接费用是指项目使用投入物所产生的，并在项目范围内计算的经济费用。直接费用的内容如下：

（1）国内其他部门为本部项目提供投入物，而扩大了该部门的生产规模，其费用为该部门增加生产所耗用的资源。

（2）项目投入物本来用于其他项目，由于改用于拟建项目而减少了对其他项目（或最终消费）投入物的供应，其费用为其他项目（或最终消费）因此而放弃的消费。

（3）项目的投入物来自国外，即增加进口，其费用为增加的外汇支出。

（4）项目的投入物本来首先用于出口，为满足项目需求而减少了出口，其费用为减少出口所减少的外汇收入。

在国民经济评价中，工程项目的直接效益和费用的识别与度量通常在财务评价的基础上进行。一般来说，需要对财务费用和效益进行调整。如果某些投入物和产出物的市场价格与影子价格存在偏差，则必须对其按影子价格重新进行估计；在财务评价中被排除的某些费用和效益可能需要补充进来，而另一些在财务评价中已经考虑的费用和效益则可能根据其对经济的整体影响重新进行归类或调整。

（三）间接效益和间接费用

间接效益与间接费用是指项目对国民经济做出的贡献或国民经济为项目付出的代价，在直接效益与直接费用中未得到反映的那部分效益和费用。通常，把与项目相关的间接效益（外部效益）和间接费用（外部费用），统称为外部效果。外部效果的计算应考虑环境及生态影响效果、技术扩散效果和产业关联效果。对显著的外部效果能定量的，要作定量分析；计入项目的效益和费用，不能定量的，应作定性描述。计算中，为防止间接效益的扩大化，项目外部效果一般只计算一次相关效果，不应连续扩展。一般情况下，可以考虑以下内容：

（1）环境及生态影响效果。环境及生态影响效果主要是指工业项目排放"三废"造成的环境污染和生态平衡被破坏，是一种间接费用。从项目本身讲，环境的污染和生态平衡被破坏所造成的损失并不计入成本，而从全社会的角度讲，这种破坏是全社会福利的损失，是实施该项目的成本。因此，作国民经济评价时，必须把这些在做项目财务评价时不会考虑到的成本计算在内。

（2）技术扩散效果。技术扩散效果通常包括技术培训和技术推广等，这是一种比较明显的技术外部效果，是一种间接效益。投资兴建一个技术先进的项目，会培养和造就大量的工程技术人员、管理人员或技术性较强的操作工人。由于人员的流动和技术外流，最终会给整个社会经济的发展带来好处。由于这种效果通常是隐蔽、滞后的，因而难以识别和计量，实际中大多只做定性描述。

（3）产业关联效果。产业关联效果包括对上游企业和下游企业的关联效果。对上游企业的关联效果是指一个项目的建设会刺激为该项目提供原材料或半成品的经济部门的发展；对下游企业的关联效果主要是指生产初级产品的项目对以其产出物为原料的经济部门产生效果。

（四）国民经济转移支出

从国民经济角度看，项目的某些财务收益和支出，并不真正反映经济整体有用资源的投入和产出的变化，没有造成资源的实际增加或减少，只是表现为资源的使用权从社会的一个实体转到另一个实体手中，是国民经济内部的"转移支出"，不能计为项目的国民经济效益或费用。

1. 国家和地方政府的税收，仅是从项目转移到政府。税收是政府调节分配和供求的手段。对于企业财务评价，纳税确实是一项费用支出；但是对于国民经济评价，它仅仅表示项目对国民经济的贡献有一部分转到政府手中，由政府再分配。项目对国民经济的贡献大小并不随税金的多少而变化，因而它属于国民经济内部的转移支付。

2. 国家或地方政府给予项目的补贴，仅是从政府转移到项目。政府对项目的补贴，仅仅表示国民经济为项目所付出的代价中，有一部分来自政府财务支出；但是，整个国民经济为项目所付代价并不以这些代价来自何处为计算依据，更不会由于有无补偿或补贴多少而改变。因此，补贴也不是国民经济评价中的费用或效益。

3. 国内银行借款利息，仅是从项目转移到金融机构。国内贷款利息在企业财务评价的资本金财务现金流量表中是一项费用。对于国民经济评价，它表示项目对国民经济的贡献有一部分转移到了政府或国内贷款机构。项目对国民经济所做贡献的多少，与所支付的国内贷款利息多少无关。因此，它也不是国民经济评价中的费用或效益。

4.国外贷款与还本付息。在国民经济评价中，根据分析角度的不同，国外贷款和还本付息有以下两种不同的处理原则：

第一，在全部投资效益费用流量表中的处理。在全部投资效益费用流量表中，把国外贷款看做国内投资，以项目的全部投资作为计算基础，对拟建项目使用的全部资源的使用效果进行评价。由于随着国外贷款的发放，国外相应实际资源的支配权力也同时转移到了国内。这些国外贷款资源与国内资源一样，也存在着合理配置的问题。因此，在全部投资效益费用流量表中，国外贷款还本付息与国内贷款还本付息一样，既不作为效益，也不作为费用。

第二，在国内投资效益费用流量表中的处理。为了考察国内投资对国民经济的实际贡献，应以国内投资作为计算的基础。因此，在国内投资效益费用流量表中，把国外贷款还本付息视为费用。如果以项目的财务评价为基础进行国民经济评价时，应从财务效益和费用中剔除其中的转移支付部分。

（五）费用与效益估算

经济费用效益分析应采用反映资源真实经济价值的计算价格，来估算项目费用和效益，用以纠正投入物与产出物因市场失灵和政策干预失当所造成的财务现金流量计算的偏差。

项目投资所引发的经济费用或效益的计算应在利益相关者分析的基础上，研究在特定的社会经济背景条件下相关利益主体获得的收益及付出的代价，计算项目相关的费用和效益。计算时，应遵循支付意愿、受偿意愿、机会成本和实价计算原则。

1.具有市场价格的投入物与产出物

对于具有市场价格的投入物或产出物，其费用或效益的计算应该遵循下列原则：

（1）货物处于竞争性市场环境中，市场价格能够反映支付意愿或机会成本，应采用市场价格作为计算项目投入物或产出物经济价值的依据。

（2）如果项目的投入物或产出物的规模很大，项目的实施将足以影响其市场价格，导致"有项目"和"无项目"两种情况下市场价格不一致，理论上应考虑拟建项目对该物品均衡市场价格的影响。在项目评价实践中，可以取两者的平均值作为测算该物品经济价值的依据。

（3）对于外贸货物，其投入物或产出物价格应基于国际市场价格进行推算，其价格取值应反映国际市场竞争的实际情况。

2.不具有市场价格或市场价格难以反映其经济价值的产出物

对于不具有市场价格或市场价格难以真实反映其经济价值的产出物，应采用下列方法对项目的产品或服务的经济价值进行测算：

（1）按照消费者支付意愿的原则，通过其他相关市场价格信号，按照"揭示偏好"的方法，寻找揭示这些影响的隐含价值，对其效果进行间接估算。

（2）采用意愿调查评估的方法，按照"表达偏好"的原则进行间接估算。

三、国民经济评价的参数

国民经济评价参数是指在工程项目经济评价中为计算费用和效益，衡量技术经济指标而使用的一些参数，主要包括影子价格、影子汇率、影子工资和社会折现率等。

（一）影子价格

影子价格是指依据一定原则确定，能反映投入物和产出物真实经济价值，反映市场

供求状况，反映资源稀缺程度，使资源得到合理配置的价格。影子价格是一种虚拟价格，是为了实现一定的社会经济发展目标而人为确定、更为合理的价格。进行国民经济评价时，项目的主要投入物和产出物价格，原则上都应采用影子价格。为了简化计算，在不影响评价结论的前提下，可只对其价格在效益或费用中所占比重较大或国内价格明显不合格的产出物或投入物使用影子价格。

1. 市场机制定价货物的影子价格

随着我国市场经济的发展和贸易范围的扩大，大部分货物由市场定价，受供求影响，其价格可以近似反映其真实价值，进行国民经济评价时，可将这些货物的市场价格加减国内运杂费等作为影子价格。只是在确定其影子价格前，应先将货物区分为外贸货物和非外贸货物。

（1）外贸货物影子价格。所谓外贸货物，是指其使用或产生将对国家进出口产生直接或间接影响的货物，主要包括产出物直接出口、间接出口或替代进口的货物；投入物中直接进口、间接进口或减少出口（原可用于出口）的货物。具体的确定方法可分为以下两种情况：

第一，产出物。直接出口的产出物的影子价格等于离岸价格（出口货物的离境交货价格）减去国内运输费用和贸易费用。即：

$$SP = FOB \times SER - (T_1 + TR_1) \tag{6-3}$$

式中：SP——影子价格；

FOB——以外汇计价的离岸价格；

SER——影子汇率；

T_1——拟建项目所在地到口岸的运输费用；

TR_1——拟建项目所在地到口岸的贸易费用。

间接出口的产出物的影子价格等于离岸价格减去原供应厂到口岸的运输费用和贸易费用，加上原供应厂到用户的运输费用和贸易费用，再减去拟建项目到用户的运输费用和贸易费用，即：

$$SP = FOB \times SER - (T_2 + TR_2) + (T_3 + TR_3) - (T_4 + TR_4)$$ （6-4）

式中：T_2、TR_2——分别为原供应厂到口岸的运输费用和贸易费用；

T_3、TR_3——分别为原供应厂到用户的运输费用和贸易费用；

T_4、TR_4——分别为拟建项目到用户的运输费用和贸易费用。

当原供应厂和用户难以确定时，可按直接出口计算。

替代进口的产出物的影子价格等于到岸价格（进口货物到达本国口岸的价格，包括货物的国外购买费用、运输到本国口岸的费用和保险费用），减去拟建项目到用户的运输费用及贸易费用，再加上口岸到原用户的运输费用和贸易费用，即：

$$SP = CIF \times SER - (T_4 + TR_4) + (T_5 + TR_5)$$ （6-5）

式中：CIF——以外汇计价的原进口货物的到岸价格；

T_5——口岸到原用户的运输费用；

TR_5——口岸到原用户的贸易费用。

当具体用户难以确定时，可只按到岸价格计算。

第二，投入物。直接进口的投入物的影子价格等于到岸价格加国内运输费用和贸易费用，即：

$$SP = CIF \times SER + (T_1 + TR_1)$$ （6-6）

式中符号的意义同前。

间接进口的投入物的影子价格等于到岸价格加上口岸到原用户的运输费用和贸易费用，减去供应厂到原用户的运输费用和贸易费用，加上供应厂到拟建项目的运输费用和贸易费用，即：

$$SP = CIF \times SER + (T_5 + TR_5) - (T_3 + TR_3) + (T_6 + TR_6)$$ （6-7）

式中：T_6——供应厂到拟建项目的运输费用；

TR_6——供应厂到拟建项目的贸易费用。

当原供应厂和用户难以确定时，可直接按进口计算。

减少出口的投入物的影子价格等于离岸价格减去原供应厂到口岸的运输费用和贸易费用，再加上供应厂到拟建项目的运输费用和贸易费用，即：

$$SP = FOB \times SER - (T_2 + TR_2) + (T_6 + TR_6) \qquad (6-8)$$

式中符号的意义同前。

当原供应厂难以确定时，可只按离岸价格计算。

（2）非外贸货物影子价格。非外贸货物是指生产和使用对国家进出口不产生影响的货物，除了包括所谓的天然非外贸货物，如国内建筑、国内运输、商业及其他基础设施的产品和服务以外，还包括由于地理位置所限而使国内运费过高不能进行外贸的货物以及受国内外贸易政策和其他条件限制而不能进行外贸的货物等所谓的非天然非外贸货物。非外贸货物影子价格的确定原则和方法，可分为以下两种情况：

1）产出物。

第一，增加供应数量，满足国内消费的项目产出物。若国内市场供求均衡，应采用市场价格定价，若国内市场供不应求，应参照国内市场价格并考虑价格变化的趋势定价，但不应高于质量相同的同类产品的进口价格；对于无法判断供求情况的，则取以上价格中的较低者。

第二，不增加国内市场供应数量，只是替代其他生产企业的产出物，使其减产或停产的项目产出物。若质量与被替代产品相同，应按被替代产品的可变成本分解定价；若产品质量有所提高的，应按被替代产品的可变成本加上因产品质量提高而带来的国民经济效益（可近似地按国际市场价格与被替代产品价格之差来确定）定价，也可按国内市场价格定价。

第三，占国内市场份额较大，项目建成后会导致市场价格下跌的项目产出物。可按照项目建成前的市场价格和建成后的市场价格的平均值定价。

2）投入物。

第一，能通过原有企业挖潜（无须增加投资）而增加供应的，按分解成本（通常仅分解可变成本）定价。

第二，需要通过增加投资扩大生产规模以满足拟建项目需求的，按分解成本（包括固定成本分解和可变成本分解）定价。当难以获得分解成本所需资料时，可参照国内市场价格定价。

第三，项目计算期内无法通过扩大生产规模来增加供应量的（减少原用户供应量），取国内市场价格、国家统一价格加补贴、协议价格中较高者定价。

2. 国家调控价格货物的影子价格

目前，在我国价格管理体制条件下，有些货物（或服务）不完全由市场机制形成价格，还受国家宏观调控的制约，主要包括指导价、最高限价、最低限价等。调控价格不能完全反映货物的真实价值。在进行国民经济评价时，其影子价格应采用特殊方法确定，即投入物按机会成本分解定价，产出物按消费者支付意愿定价。

（1）电价。电力作为项目投入物时的影子价格，一般按完全成本分解定价，电力过剩时按可变成本分解定价；作为项目产出物的影子价格，可按电力对当地经济的边际贡献定价。

（2）铁路运价。铁路作为项目投入物时的影子价格，一般按完全成本分解定价，对运力有富余的路段，按可变成本分解定价；铁路项目的国民经济效益按"有无法"计算运输费用节约等效益。

（3）水价。水作为项目投入物时的影子价格，按后备水源的边际成本分解定价，或按恢复水功能的成本计算；作为项目产出物的影子价格，按消费者支付意愿（一般消费者承受能力加政府补贴）计算。

3.特殊投入物的影子价格

项目的特殊投入物是指项目在建设、生产运营中使用的劳动力、土地和自然资源等物品。

（1）劳动力影子价格。劳动力作为一种资源被项目使用时，在国民经济评价被称为"影子工资"来计算其费用。

1）构成。影子工资是国民经济为项目使用劳动力所付出的真实代价，由劳动力机会成本和劳动力就业或转移而引起的新增资源耗费两部分构成。

第一，劳动力机会成本，是指项目的劳动力如果不用于拟建项目而用于其他生产经营活动所能创造的最大效益。它与劳动力的技术熟练程度、过剩或稀缺程度有关，技术熟练程度和稀缺程度越高，其机会成本越高；反之，越低。

第二，劳动力就业或转移而引起的新增资源耗费，是指因项目使用劳动力而引起的培训费用、劳动力搬迁费用、城市管理费用、城市交通等基础设施投资费用等。

2）确定方法。在国民经济评价中，影子工资作为经济费用计入经营费用。为了计算方便，其计算公式为：

影子工资 =（财务工资 + 职工福利基金）× 影子工资换算系数 （6-9）

影子工资换算系数是影子工资与财务评价中劳动力的工资和福利费之比值。影子工资换算系数是工程项目国民经济评价的通用参数，由国家相关部门根据我国劳动力的状况、结构及就业水平等测定和发布。根据目前我国劳动力市场状况，一般建设项目的影子工资换算系数为1。若依据充分，某些特殊项目可依据当地劳动力的充裕程度以及所用劳动力的技术熟练程度，适当地提高或降低影子工资换算系数。对于压力很大的地区，如果是占用大量非熟练劳动力的项目，影子工资换算系数取值可小于1；如果是占用大量专业技术人员的项目，影子工资换算系数取值可大于1。

（2）土地影子价格。土地是一种不可再生资源，除了荒漠戈壁和严寒极地暂时无法为人类利用外，其余的土地，尤其是城市建设用地总是表现出稀缺性。土地影子价格反映土地用于拟建项目而使社会为此放弃的国民经济效益，以及国民经济为此增加的资源消耗。

1）构成。

第一，土地的机会成本。按照土地因项目占用而放弃的"最好可替代用途"的净收益测算，原则上根据具体项目情况，由项目评价人员自行测算。在难以测算的情况下，可参考有关土地分类、土地净收益和经济区域划分的规定执行。

第二，因土地占用而新增加的社会资源消耗，如拆迁费、劳动力安置费、养老保险费等。

2）确定方法。

第一，农用土地的影子价格是指项目占用农用土地使国家为此损失的收益，由土地的机会成本和占用土地而引起的新增资源消耗两部分构成。土地机会成本按项目占用土地而使国家为此损失的该土地最佳替代用途的净效益计算。土地影子价格中新增资源消耗，一般包括拆迁费用和劳动力安置费用。

土地影子价格可以直接从机会成本和新增资源消耗两方面求得，也可在财务评价土地费用的基础上调整计算得出。项目实际征地费用包括三部分：一是机会成本性质的费用，如土地补偿费、青苗补偿费等，应按机会成本的计算方法调整计算；二是新增资源消耗，如拆迁费用、剩余劳动力安置费用、养老保险费用等，应按影子价格调整计算；三是转移支付，如粮食开发基金、耕地占用税等，应予以剔除。

第二，城镇土地影子价格计算。通常按市场价格计算，主要包括土地出让金、征地费、拆迁安置补偿费等。

（3）自然资源影子价格。各种有限的自然资源也是一种特殊的投入物。一个项目使用了矿产资源、水资源、森林资源等，是对国家资源的占用和消耗。矿产等不可再生自然资源的影子价格按资源的机会成本计算，可再生自然资源的影子价格按资源再生费用计算。

（二）影子汇率

外汇短缺的问题是一般发展中国家普遍存在的问题，因此，政府多在不同程度上实行外汇管制和外贸管制，外汇不允许自由兑换。在此情形下，官方汇率往往不能真实地反映外汇的价值。因此，在工程项目的国民经济评价中，为了消除用官方汇率度量外汇价值所导致的误差，有必要采用一种更合理的汇率，也就是影子汇率，来使外贸品和非外贸品之间建立一种合理的价格转换关系，使两者具有统一的度量标准。

影子汇率，即外汇的影子价格，是指项目在国民经济评价中，将外汇换算为本国货币的系数。它不同于官方汇率或国家外汇牌价，能够正确反映外汇对于国家的真实价值。影子汇率实际上也就是外汇的机会成本，即项目投入或产出所导致的外汇减少或增加，给国民经济带来的损失或收益。

影子汇率是一个重要的国家经济参数，它体现了从国民经济角度对外汇价值的估量，在工程项目的国民经济评价中，除了用于外汇与本国货币之间的换算外，还是经济换汇和经济节汇成本的判据。国家可以利用影子汇率作为经济杠杆，来影响项目方案的选择和项目的取舍。比如，某项目的投入物可以使用进口设备，也可以使用国产设备，当影子汇率较高时，就有利于后一种方案；再比如，对于主要产出物为外贸货物的工程项目，当影子汇率较高时，将有利于项目获得批准实施。

影子汇率的发布形式有直接发布和间接给出两种，其计算公式为：

影子汇率 = 外汇牌价（官方汇率）× 影子汇率换算系数　　　　　（6-10）

影子汇率换算系数是国家相关部门根据国家现阶段的外汇供求情况、进出口结构、换汇成本等综合因素统一测算和发布的，目前影子汇率换算系数取1.08。

（三）社会折现率

在国民经济评价中所追求的目标是国民经济收益的最大化，而所有的工程项目都将是这一目标的承担者。在采用了影子价格、影子汇率、影子工资等合理参数后，国民经济中所有的工程项目均将在同等的经济条件下使用各种社会资源为社会创造效益，这就需要规定适用于各行业所有工程项目都应达到的最低收益水平，也就是社会折现率。

社会折现率，也称影子利率，是从国民经济角度考察工程项目投资所应达到的最低收益水平，实际上也是资金的机会成本和影子价格。社会折现率是项目经济可行性研究和方案比选的主要判据。在项目经济评价中，主要作为计算经济净现值的折现率，同时也是用来衡量经济内部收益率的基准值。社会折现率作为资金的影子价格，代表着资金占用在一定时间内应达到的最低增值率，体现了社会对资金时间价值的期望和对资金盈利能力的估算。

社会折现率作为国民经济评价中的一项重要参数，是国家评价和调控投资活动的重要经济杠杆之一。国家可以选用适当的社会折现率来进行项目的国民经济评价，从而促进资源的优化配置，引导投资方向，调控投资规模。比如，国家在需要经济软着陆时，可以适当调高社会折现率，使得本来可获得通过的某些投资项目难以达到这一折现率标准，从而达到间接调控投资规模的目的。

社会折现率需要根据国家社会经济发展目标、发展战略、发展优先顺序、发展水平、宏观调控意图、社会成员的费用效益时间偏好、社会投资收益水平、资金供应状况、资金机会成本等因素进行综合分析，由国家相关部门统一测定和发布。例如，《建设项目经济评价方法与参数》（第一版）中规定，社会折现率为10%。由建设部和国家计委联合批准发布的《建设项目经济评价方法与参数》（第二版）中规定，社会折现率为12%。经过专题研究和测算，《建设项目经济评价方法与参数》（第三版）中规定，社会折现率为8%，但对远期收益率较大的项目，允许采用较低的折现率，但不应低于6%。

（四）贸易费用率

在工程项目的国民经济评价中，贸易费用是指花费在货物流通过程各环节中以影子价格计算的综合费用（长途运输费用除外），也就是项目投入物或产出物在流通过程中所支付的除长途运输费用以外的短途运输费、装卸费、检验费、保险费等费用。贸易费用率则是反映这部分费用相对于货物影子价格的一个综合比率，是国民经济评价中的一个经济参数，是由国家相关部门根据物资流通效率、生产资料价格总水平以及汇率等综合因素统一测定和发布的。

目前，贸易费用率取值一般为6%，对于少数价格高、体积与重量较小的货物，可适当降低贸易费用率。在工程项目的国民经济评价中，可使用下列公式来计算货物的贸易费用：

$$进口货物的贸易费用 = 到岸价格 \times 影子汇率 \times 贸易费用率 \tag{6-11}$$

$$出口货物的贸易费用 = \frac{（离岸价格 \times 影子汇率 - 国内长途运费）\times 贸易费用率}{1 + 贸易费用率} \tag{6-12}$$

$$非外贸货物的贸易费用 = 出厂影子价格 \times 贸易费用率 \tag{6-13}$$

对于不经过流通部门而由生产厂家直供的货物，则不计算贸易费用。

四、国民经济评价报表

（一）国民经济评价报表的内容

按照《投资项目可行性研究指南》，国民经济评价报表包括"项目国民经济效益费用流量表"和"国内投资国民经济效益费用流量表"。

1.项目国民经济效益费用流量表。该表用以综合反映项目计算期内各年按全部投资口径计算的国民经济各项效益与费用流量及净效益流量，并可用来计算项目经济内部收益率、经济净现值指标。

2.国内投资国民经济效益费用流量表。该表用以综合反映项目建设期内各年按国内投资口径计算的国民经济各项效益与费用流量及净效益流量。国内投资国民经济效益费用流量表的效益流量各项与项目国民经济效益费用流量表相同，不同之处在于"费用流量"。由于要计算分析国内投资的经济效益，项目建设过程中从国外的借款用于建设投资或流动资金投资，一借一用收支相抵，在净效益流量中互相冲掉，不再计算这一部分的投资，而在偿还国外借款本息时，再在费用流量中列出。

（二）国民经济评价报表的编制

编制国民经济评价报表是项目国民经济评价的一项基础工作，项目的国民经济评价报表用以显示项目的国民经济效益和费用，并计算国民经济评价指标。国民经济效益费用流量表可在财务评价基础上进行调整编制，也可以直接编制。

1. 在财务评价基础上调整编制国民经济效益费用流量表

以财务评价为基础编制国民经济效益费用流量表，须根据项目的具体情况，合理调整项目的费用与效益的范围和数值。确定可以量化的外部效果，分析确定哪些是项目的重要外部效益和外部费用，需采取何种方法估算，并保持效益费用计算口径一致，其调整内容如下：

（1）调整固定资产投资。用影子价格、影子汇率、影子工资等逐项调整构成固定资产投资的各项费用，具体内容如下：

第一，剔除转移支付，将财务现金流量表中列支的流转税金及附加、国内借款利息、国家或地方政府给予的补贴作为转移支付剔除。

第二，调整引进设备价值，包括影子汇率将外币价值折算为人民币价值和运输费用的调整。

第三，调整国内设备价值，包括采用影子价格计算设备本身的价值和运输费。

第四，调整建筑费用，原则上应按分解成本方法计算建筑工程影子造价。为了简化计算，也可只作材料费用价格调整。一般的项目也可将建筑工程的财务价格直接乘以建筑工程的影子价格换算系数，得出影子造价。对于建筑工程占比例较大或不符合《建设项目经济评价方法与参数》中该系数使用范围情况的，最好由评价人员自行调整。

第五，调整安装费用，一般情况下可主要调整安装材料的价格（主要指钢材），计算采用影子价格后所引起的变化。如果使用引进材料还要考虑采用影子汇率所引起的数值调整。

第六，调整土地费用，如果项目占用农田、林地、山坡地、荒滩等，可将项目占用该土地导致国民经济的净收益损失加上土地征购补偿费中属于实际新增资源耗费的费用作为项目占用土地的费用。如果占用土地有明显的其他替代用途，原则上应按该替代用途所能产生的净收益计算。

第七，其他费用调整，其他费用中的外币须按影子汇率折算为人民币。其他费用中的有些项目如供电补贴费，应从投资额中剔除。

第八，将反映建设期内价格上涨的涨价预备费从投资额中剔除。

（2）调整流动资金。构成流动资金总额的存货部分既是项目本身的费用，又是国民经济为项目付出的代价，在国民经济评价中仍然作为费用。而流动资金的应收、应付货款及现金（银行存款和库存现金）占用，只是财务会计账目上的资产或负债占用，并没有实际耗用经济资源（其中库存现金虽确属资金占用，但因数额很小，可忽略不计），在国民经济评价时应从流动资金中剔除。

根据固定资产投资和流动资金调整结果，编制国民经济评价辅助报表中的投资调整计算表，格式见表6-10。

表6-10 国民经济评价投资调整计算表

序号	项目	财务评价				国民经济评价				国民经济评价比财务评价增减（±）
		合计	其中		人民币	合计	其中		人民币	
			外币	折合人民币			外币	折合人民币		
1	固定资产投资									
1.1	建筑工程									
1.2	设备									
1.2.1	进口设备									
1.2.2	国内设备									
1.3	安装工程									
1.3.1	进口材料									
1.3.2	国内部分材料及费用									
1.4	其他费用 其中： （1）土地费用 （2）涨价预备费									
2	流动资金									
3	合计									

（3）调整经营成本。用影子价格调整各项经营费用，具体调整内容如下：

第一，确定主要原材料、燃料及外购动力的货物类型（属于外贸货物还是非外贸货物），然后根据其属性确定影子价格，并重新计算该项成本。对自产水、电、气等，原则上按其成本构成重新调整计算后，确定影子价格。

第二，根据调整后的固定资产投资计算出调整后的固定资产原值与递延资产原值，除国内借款的建设期利息不计入固定资产原值外，其他各项的计算方法与财务评价相同。

第三，确定影子工资换算系数，对劳动工资及福利按影子工资进行调整。最后将调整后的项目与未调整的项目相加即得调整后的经营费用，并编制国民经济评价辅助报表中的经营费用调整计算表，格式见表6-11，国民经济评价销售收入调整计算表见表6-12。

表 6-11 国民经济评价经营费用调整计算表

序号	项目	单位	年耗量	财务评价		国民经济评价	
				单价	年经营成本	单价（或调整系数）	年经营费用
1	外购材料						
2	外购燃料和动力						
2.1	煤						
2.2	水						
2.3	电						
2.4	气						
2.5	重油						
3	工资及福利费						
4	修理费						
5	其他费用						
6	合计						

表 6-12 国民经济评价销售收入调整计算表

单位：

序号	产品名称	年销售量					财务评价				国民经济评价						
							内销		外销		内销		替代进口		外销		合计
		单价	内销	替代进口	外销	合计	单价	销售收入	单价	销售收入	单价	销售收入	单价	销售收入	单价	销售收入	
1	投产第一年生产负荷 /% 产品 A 产品 B																
2	投产第二年生产负荷 /% 产品 A 产品 B																
3	正常生产年份生产负荷（100%） 产品 A 产品 B																

2.直接进行编制国民经济效益费用流量表

有些行业的项目（如交通运输项目）可能需要直接进行国民经济评价，判断项目的经济合理性。这种情况下，可按以下步骤直接编制国民经济效益费用流量表：

（1）识别和计算项目的国民经济直接效益。为国民经济提供产出物的项目，按产出物的种类、数量及相应的影子价格计算项目的直接效益；为国民经济提供服务的项目，根据提供服务的数量及用户的受益程度计算项目的直接效益。

（2）投资估算。用货物的影子价格、土地的影子价格、影子工资、社会折现率等，参照财务评价的投资估算方法和程序，直接进行投资估算，包括固定资产投资估算和流动资金估算。

（3）计算经营费用。根据生产消耗数据，用货物影子价格、影子工资、影子汇率等计算项目的经营费用。

（4）识别、计算或分析项目的间接效益和间接费用。对能定量的项目外部效果进行定量计算，对难以定量的做定性描述。

第七章 价值工程原理与建筑工程项目可行性研究

第一节 价值工程原理及其应用

价值工程（Value Engineering），简称 VE，又称价值分析（Value Analysis），1947 年前后起源于美国，它是以提高产品价值为目的，用最低的总成本为用户提供所要求的产品功能的一种新兴的技术经济方法。价值工程立足于产品应提供用户所要求的效用，从研究功能出发，利用集体的智慧，找出如何合理地利用人力与物力资源，利用时间和空间资源，为用户提供所希望的物美价廉的产品或服务。

一、价值工程的要素

（一）价值要素

人们从事某种生产活动或购买某种物品的时候，首要考虑的是，需要花多少钱，以及能取得多大的效果和使用价值。经过权衡，得出值得与否的结论。如果值得，则认为有价值；反之，则认为得不偿失。若生产某种产品，其耗费较少、成本低、取得的效果和使用价值大，则认为该产品价值高。由此可知，在价值工程的概念中所讲的"价值"与政治经济学中的"价值"的概念不同，它是指产品的功能（效用）和生产费用（成本）之间的比值，其表达式为：

$$V = \frac{F}{C} \qquad\qquad (7-1)$$

式中：V ——产品价值；

F ——产品功能；

C ——产品成本。

从式（7-1）可以看出，要想提高价值，可以采用的五种途径见表 7-1[1]。

表 7-1 提高产品价值的主要途径

序号	基本原理	F	V	C
1	功能不变、成本降低	→	↓	↑
2	功能提高、成本不变	↑	→	↑
3	功能提高、成本降低	↑	↓	↑↑
4	功能大大提高、成本略有提高	↑↑	↑	↑
5	功能略有降低、成本大大降低	↓	↓↓	↑

1　本节图表均引自：章喆，胡毓．建筑工程经济 [M]．郑州：黄河水利出版社，2010．

（二）功能要素

在价值工程中，功能就是产品为社会所提供的使用价值或效果。任何产品都具备某些特有的功能，正因为如此，人们才需要它。产品的功能取决于产品的设计，而产品的设计不仅决定着产品的功能，还决定着为取得这些功能所需要的成本。功能是价值工程分析对象具有的本质特征，它通过使用或实施产生。

（三）成本要素

成本，就是为实现某种功能所支付的全部费用。这里所讲的成本是指寿命周期成本，包括制造部门的生产成本和使用部门的使用成本。具体来说，成本有研究费、设计试制费、制造费、安装费、调试费、使用维修费以及报废拆除费等，是指从购买产品开始，到使用满足为止所花费的全部费用，即购买价格与使用价格之和。

在上述关于价值、功能和成本的描述中，可以看到价值工程是以提高产品或服务的价值为目的，通过对产品或作业的功能分析，寻求以最低的全寿命周期成本，可靠地实现产品必要功能的有组织的集体创造活动。价值工程的定义反映了以下方面的特征：

第一，价值工程的目的是提高产品或服务的价值，即以最低的全寿命周期费用实现必要的功能，消除不必要功能和补充必要功能，使用户和企业都能得到理想的经济效益。

第二，价值工程的核心是功能分析，即按用户的需求，对价值工程对象的功能和成本进行综合的定量与定性分析，发现问题，寻求解决办法，找出功能与成本的合理匹配。

第三，价值工程是一种依靠集体智慧进行的有组织的活动，通过各方面的专家、有经验的设计人员和用户的参与，运用多学科的知识，努力提高产品的价值。

二、价值工程的程序

开展价值工程活动的过程是一个发现问题、解决问题的过程，针对价值工程的研究对象，逐步深入提出一系列问题，通过回答问题、寻找答案，来解决问题。在一般的价值工程活动中，所提问题通常有七方面：①价值工程的研究对象是什么？②它的用途是什么？③它的成本是多少？④它的价值是多少？⑤有无其他方法可以实现同样的功能？⑥新方案的成本是多少？⑦新方案能满足要求吗？围绕这七个问题，价值工程工作过程大致可划分为分析问题、综合研究和方案评价三个阶段，包括的主要内容如下：

1.确定价值工程的工作对象，找出有待改进的产品或服务，即对象选择，并针对对象收集有关资料。

2. 对确定的对象进行功能分析。侧重搞清对象现有哪些功能，相互之间的关系及这些功能是否都是必要的。在此基础上进行功能评价，确定各个功能的价值系数、需改进的功能领域、存在的关键问题等。

3. 制订改进方案，针对上述的关键问题，提出改进的方案并具体化，即具体方案。对上述方案进行筛选，选择最优方案予以实施。

根据所提出的七个问题，价值工程的一般工作程序见表 7-2。

表 7-2 价值工程的一般工作程序

阶段	实施的具体步骤	回答的问题
分析问题	1. 选择对象 2. 收集情报	1. 价值工程的研究对象是什么？
	3. 功能分析	2. 它的用途是什么？ 3. 它的成本是多少？ 4. 它的价值是多少？
综合研究	4. 创造新方案	5. 有无其他方法可以实现同样的功能？
方案评价	5. 新方案的分析与评价	6. 新方案的成本是多少？ 7. 新方案能满足要求吗？
	6. 方案实施	
	7. 成本总评	

三、价值工程的对象选择

开展价值工程活动首先要解决的就是价值工程的研究对象是什么。企业生产产品的种类很多，而每种产品又由许多零部件构成，因而在价值工程对象选择时，应抓住主要矛盾。

（一）对象选择的原则

对象的选择一定要根据国家建设和企业生产经营发展的需要，要考虑到提高产品价值的可能性、存在的问题、薄弱环节等。

1. 设计因素多，结构复杂的产品。有的产品结构过于复杂，如加以简化，仍可保证其必要功能，则可对复杂结构进行分解，确定各组成部分的功能和作用，合理进行设计，以大幅度降低成本。例如，为了满足交通的要求，柔性路面结构层次逐渐发展为面层、连接层、基层、底基层、垫层，不同结构层具有各自的主要功能。但是过多的结构层次需要使用多种材料，需要多工序施工，因而增加了路面的工程造价，并且过多的结构层次往往因配合不当或施工不当而引起质量问题。因此，可以对路面层次进行价值分析。

2. 造价高，对经济效益影响大的产品。有的产品造价高，只要这种产品成本降低一点，就会有较大的节约。

3. 量大而广的产品。这类产品单个而论成本不一定大，但由于大量生产，每个产品只要成本降低一点，积累起来数量就很大。

4. 质量差、用户意见多的产品。这类产品可能由于功能差影响使用效果或增加使用成本的缘故，对这类产品进行价值分析，通过加强不足功能，使成本增量小而功能增量大来提高其价值。

5. 质量或体积大的产品。对这类产品，不仅有可能改进工艺，而且有可能改变用料或作业方法。

6. 关键的构配件。因为其对功能的影响最大，所以保证其可靠的实现功能，就能提高价值水平。

（二）对象选择的方法

1. 对象选择的经验分析法

经验分析法又称因素分析法，是一种定性分析的方法。它主要依靠价值工程人员、技术人员、管理人员、技术熟练人员和用户等的经验，来选择和确定价值工程对象的方法。

经验分析法的优点是简便易行，考虑问题综合全面，不需要特殊的人员培训；缺点是缺乏定量分析，准确性差。对象选择正确与否，主要决定于价值工程活动人员的经验及工作态度。所以，经验分析法要求参加价值工程活动的人员熟悉业务，经验丰富，并且要发挥集体的智慧，共同确定对象。

在选择对象过程中，可将这种方法与其他方法结合使用，利用经验分析法进行对象的粗选，再用其他方法进行精选，或者先用其他方法选出对象，再利用经验分析法，通过对有关方面的综合分析加以修正。

2. 对象选择的 ABC 分析法

ABC 分析法又称巴雷托分析法、ABC 分类管理法、重点管理法等。这是一种运用数理统计的原理，按照局部成本在全部成本中的比重来选定价值工程对象的方法。它是一种定量分析方法，是将产品的构成进行逐项统计，将每一种零件占产品成本的多少从高到低排列出来，分成 A、B、C 三类，找出少数零件占多数成本的零件项，作为价值工程的重点分析对象。

一般来说，将零部件数量占总数的 20% 左右，而成本占总成本的 7% 左右的零部件规定为 A 类；将零部件数量占总数的 40% 左右，而成本占总成本的 20% 左右的零部件规定为 B 类；将零部件数量占总数的 60% 左右，而成本只占总成本的 10% 左右的零部件规定为 C 类。从这种分类就可以看出，在价值工程的选择对象中，应以 A 类零部件作为价值工程活动的重点分析对象，B 类只做一般分析，C 类可以不加分析。通过 ABC 分析法分析，产品零部件项数与成本之间的关系就能一目了然，价值工程的重点在 A 类零部件，属于"关键的少数"。

3. 对象选择的费用比重分析法

当价值工程活动的重点在于降低某种费用时，可以用费用比重分析法来选择分析对象，即统计出各组成部分的费用数额及比例，选择费用比重大的部分作为价值工程分析对象。

4. 对象选择的技术经济指标法

技术经济指标法又称百分比分析法，是通过分析不同产品在各类技术经济指标中所占的百分数不同，进行比较，找出价值工程对象。所用的技术经济指标多是经济效益综合指标。

四、价值工程的信息资料收集

价值工程信息资料是指与价值工程有关的记录，有利用价值的报道、消息、见闻、图表、图像、知识等。信息资料是价值工程实施过程中进行价值分析、比较评价和决策的依据，收集价值工程信息资料时应满足五个方面的要求：一是目的性，即收集的信息资料应满足价值工程活动的目的和要求；二是时间性，即收集的信息资料是近期的、较新的资料；三是准确性，即所收集的信息资料必须是可靠的，能真实反映客观事物的实际；四是完整性，即能保证全面、充分和完善地评价研究对象；五是经济性，即尽量用最少的开支收集所需的信息资料。

价值工程所需的信息资料，应视具体情况而定。对于产品分析来说，一般应收集以下方面的信息资料：

1. 用户方面的资料。用户对产品的意见和要求，如产品的使用目的、使用条件、使用中故障情况及使用是否合理等；用户对产品价格、交货期限、技术服务等方面的要求。

2. 技术方面的资料。企业内外、国内外同类产品的技术资料，如设计特点、加工工艺、设备、材料及优缺点和存在的问题等。

3. 经济方面的资料。同类产品的价格、成本、成本构成情况、指数和定额等。

4. 本企业的基本资料。企业的经营方针、生产能力及限制条件、销售情况等。

5. 政府和社会有关部门法规、条例等方面的情报。

收集情报是一项很重要且很细致复杂的工作。收集的资料及信息一般需加以分析、整理，剔除无效资料，使用有效资料，以利于价值工程活动的分析研究。

五、价值工程的功能分析

功能分析是价值工程活动的核心，决定着价值工程活动的有效程度。通过产品的功能、成本的定性和定量分析，确定它们的相互关系，科学地确定产品的必要功能，合理地分配成本，为创造和改善方案提供依据。通过功能分析可以去掉不合理的功能，调整功能间的比值，使产品的功能结构更趋合理。

功能定义就是对价值工程对象用简单明确的语言表述它的作用或效用。通过功能定义，可以准确地掌握用户的功能要求，抓住问题的本质，扩大思考范围，开拓设计思路，深化对功能的理解，为功能评价和创造改进方案奠定基础。功能定义的语言应简明准确，通常用一个动词加一个名词表述。例如，梁的功能是传递荷载，隔墙的功能是分隔空间，灯的功能是发光等。

（一）功能分类

1.按重要程度划分

功能按重要程度分为基本功能和辅助功能。

（1）基本功能是产品得以独立存在的基础，是实现设备用途必不可少的功能，是用户购买该设备的目的。一般来说，用户在购买设备时，要对设备提出各种要求，这就构成了设备的总体功能，其中能满足用户基本要求的那一部分功能，就是设备的基本功能。例如，矿灯的基本功能是发光照明，变速箱的基本功能是改变速度，钻床的基本功能是钻孔等。

（2）辅助功能是实现基本功能的手段，是为了有效地实现基本功能而由产品设计者附加上去的功能。它的作用是相对基本功能来说的，是次要的。例如：手表的基本功能是计时精确，但采用什么手段实现这一基本功能？是机械摆动，还是石英振荡？是指针显示，还是液晶显示？是夜光显示，还是照明显示？再如，变速机构的基本功能是改变速度，在设计时，是采用齿轮变速，还是采用皮带变速？是采用机械变速，还是采用液压变速？这也是设计者为实现改变速度这一基本功能而附加上去的辅助功能。

2.按满足要求的性质划分

功能按满足要求的性质分为使用功能和美观功能。

（1）使用功能是指从设备使用目的方面所提出的各项特性要求。例如，人们所需要的把新鲜物品冷冻起来无害保存的功能，就是电冰箱的使用功能。

（2）美观功能是指设备外观、形状、色彩、气味、手感和音响等方面的功能，即人们对美的享受功能。

一般消费品都同时有美观功能和使用功能，而对于机器设备而言，基本上只看它的使用功能。至于装在机器内部的零部件，只要有使用功能，在外观美学上不过分要求。

3. 按用户的要求划分

功能按用户的要求分为必要功能和不必要功能。

（1）必要功能是指设备符合使用者所要求的必须具备的作用或功能，即设备的使用价值。如果一台设备的功能低，就满足不了使用者的需要；如果过高，则超过了实际需要，即使用者在使用过程中有多余的功能根本用不上。

（2）不必要功能是指使用者不需要的功能，即多余的功能。例如，在手表上装上指南针，对于一般人来讲，根本用不上，这就是不必要的功能。在产品中往往包含这种功能，一部分是由于设计者没有掌握功能的本质，或者是没有对准用户的要求，主观臆断附加上去的；另一部分则是因为设计不合理而造成的。

4. 按定量角度划分

功能按定量角度分为过剩功能和不足功能。

（1）过剩功能是指某些功能虽属必要，但满足需要有余，在数量上超过了用户要求或标准功能水平。

（2）不足功能是相对于过剩功能而言的，表现为产品整体功能或零部件功能水平在数量上低于标准功能水平，不能完全满足用户需要。

（二）功能整理

功能整理是功能分析的重要步骤，它是把各个功能之间的相互关系加以系统化，并将各个功能按一定的逻辑关系排列成一个体系。功能整理的目的是确认功能定义的准确性，明确功能领域。一般来说，进行功能整理的步骤如下：

1. 明确基本功能、辅助功能和最基本功能。

2. 明确各功能之间的相互关系。产品的各个功能之间是相互配合、相互联系的，为实现产品的整体功能发挥各自的作用。各个功能之间存在着并列关系或者上下位关系，要通过功能整理予以确定。例如，住宅的最基本功能是居住，为实现该项功能，住宅必须具有遮风避雨、御寒防暑、采光、通风、隔声、防潮等功能，这些功能之间是属并列关系的，都是实现居住功能的手段，因而居住是上位功能，上述所列的并列功能是居住的下位功能，即上位功能是目的，下位功能是手段。但上下位关系是相对的。如为达到居住的目的必须通风，则居住是目的，是上位功能，通风是手段，是下位功能；为达到通风的目的，必须组织自然通风，则通风又是目的，是上位功能，组织自然通风是手段，是下位功能；为达到自然通风的目的，必须提供进出风口，则组织自然通风又是目的，是上位功能，提供进出风口是手段，是下位功能。

3.绘制功能系统图。将上述各功能按并列和上下位功能关系以一定的顺序排列出来，即形成功能系统图，功能系统图的一般形式如图 7-1 所示。

通过绘制功能系统图，可以清楚地看出每个功能在全部功能中的作用和地位，使各功能之间的关系系统化，便于发现不必要功能，为功能评价、方案创造奠定基础。

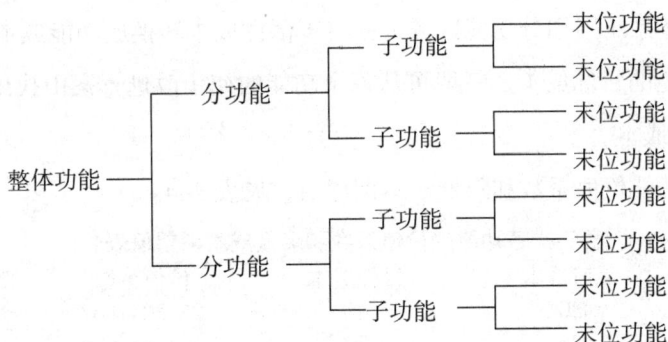

图 7-1 功能系统图

（三）功能评价

所谓功能评价，就是对功能的价值进行测定和评定，是对功能的定量分析。根据功能评价评出的数据，将那些功能价值低、改善期望值大的功能作为开展价值工程的重点对象。具体方法是在已经明确的功能系统图的基础上，测定各个功能的价值系数，根据价值系数的大小来评定功能价值的高低。目前常用的功能评价方法有两种：功能成本法和功能评价系数法。

1.功能成本法

功能成本法，又称为绝对值法，是通过一定的测算方法，测定实现应有功能所必须消耗的最低成本，同时计算为实现应有功能所耗费的目前成本，经过分析、对比，求得对象的价值系数和成本降低期望值，确定价值工程的改进对象。其基本思路是，实现分析对象某一功能可以有几个方案，对应几个成本，其中最低的成本为目标成本 C_a，C_a 与相应的目前成本 C_o 之比为该功能的价值系数，C_o 与 C_a 之差为该功能的成本降低期望值。具体做法如下：

（1）确定分析对象的全部零部件的目前成本，见表 7-3 第二栏所示。

表 7-3 功能成本分摊表

零部件名称	成本	功能区域			
		FA₁	FA₂	FA₃	FA₄
A	30	30	—	—	—
B	50	—	20	30	—
C	10	—	—	10	—
D	5	—	—	—	5
E	20	—	5	6	9
合计		30	25	46	14

（2）根据功能系统图划分功能区域，并将零部件成本转换成功能成本。

（3）确定功能的目标成本。一般可从每个功能的初步改进方案中找出最低的成本方案作为功能的目标成本。

（4）计算各功能价值系数和降低成本期望值，见表 7-4。

表 7-4 各功能的价值系数和降低成本期望值表

功能区域	目前成本	目标成本	价值系数	降低成本期望值
FA₁	30	20	20/30=0.67	30-20=10
FA₂	25	22	22/25=0.88	25-22=3
FA₃	46	40	40/46=0.87	46-40=6
FA₄	14	7	7/14=0.50	14-7=7

2. 功能评价系数法

功能评价系数法又称相对值法，是通过评定各对象功能的重要程度，用功能指数来表示其功能程度的大小，然后将评价对象的功能指数与相对应的成本指数进行比较，得出该评价对象的价值指数，从而确定改进对象，并求出该对象的成本改进期望值。

（1）功能系数的计算。功能系数又称功能评价系数、功能重要度系数，是指评价对象功能（或零部件）在整体功能中所占的比率，是用人为评分方法得到的。常用的方法有强制确定法、04 评分法、环比评分法。

第一，强制确定法。强制确定法，又称 01 法，是采用一定的评分规则，用强制对比打分来评定评价对象的功能系数。具体做法是：首先将各功能一一对比，重要者得 1 分，不重要者得 0 分；然后，为防止功能系数中出现零的情况，用各加 1 分的方法进行修正；最后，用修正得分除以总得分即为功能系数，其过程可参见表 7-5。

表 7-5 强制确定法评分表

功能	A	B	C	D	E	得分 f	修正得分 f'	$F = f' / \Sigma f'$
A	×	0	0	1	1	2	3	3/15=0.20
B	1	×	1	1	1	4	5	5/15=0.33
C	1	0	×	1	1	3	4	4/15=0.27
D	0	0	0	×	0	0	1	1/15=0.07

续表

E	0	0	0	1	×	1	2	2/15=0.13
合计						10	15	1.00

第二，04 评分法。04 评分法的具体步骤与原理和强制确定法相似，也是两两对比，按功能重要性评分。只是在功能一对一评分时，分 0 ~ 4 五个重要性评分档次。档次划分如下：非常重要的得 4 分，其比较对象得 0 分；较重要的得 3 分，其比较对象得 1 分；同等重要的各得 2 分；自身相比不得分，其评分过程可参见表 7-6。

表 7-6 04 评分法评分表

功能	A	B	C	D	E	F	得分 f	$F = f / \Sigma f$
A	×	4	4	3	3	2	16	0.27
B	0	×	3	2	4	3	12	0.20
C	0	1	×	1	2	2	6	0.10
D	1	2	3	×	3	3	12	0.20
E	1	0	2	1	×	2	6	0.10
F	2	1	2	1	2	×	8	0.13
合计							60	1.00

第三，环比评分法。环比评分法，又称 DARE 法。这种方法是先从上至下依次比较相邻两个功能的重要程度，给出功能重要度比值，然后令最后一个被比较的功能的重要度比值为 1.0（作为基数），依次修正重要度比值，求出所有功能的修正重要度比值后，用其去除以总和数，得出各个功能的功能系数，其具体过程可参见表 7-7。

表 7-7 环比评分法评分表

功能	重要度比值	修正重要度	说明	功能系数 F
F_1	1.5	4.5	4.5=3.0×1.5	4.5/16.5=0.28
F_2	0.5	3.0	3.0=6.0×0.5	3.0/16.5=0.18
F_3	3.0	6.0	6.0=2.0×3.0	6.0/16.5=0.36
F_4	2.0	2.0	2.0=1.0×2.0	2.0/16.5=0.12
F_5	1.0	1.0		1.0/16.5=0.06
合计		16.5		1.00

（2）成本系数的计算。成本系数是指评价对象的目前成本在全部成本中所占的比率，其表达式为：

$$C = \frac{C_0}{\sum C}$$

（7-2）

式中：c——成本系数；

C_0——功能的现实成本。

例如，某产品的 6 种功能是由 5 种零部件实现的，则功能现实成本的计算步骤是：

首先将与功能相对应的零部件名称及现实成本填入表 7-8 中；然后将功能领域填入表中；再将各零部件的现实成本逐一按其为实现多功能提供的成本分配至各功能领域，例如 C 部件提供了 3 种功能 F_1、F_3、F_6，则将 C 部件现实成本 2500 元按上述思想分配到 3 种功能中。计算过程见表 7-8。

表 7-8 功能现实成本计算表

零部件	成本系数	现实成本 C_0	功能成本（或功能领域）					
			F_1	F_2	F_3	F_4	F_5	F_6
A	0.30	3000	1000		1000		1000	
B	0.20	2000		500		1500		
C	0.25	2500	500		500			1500
D	0.15	1500		1000		500		
E	0.10	1000			400		600	
合计 $\sum C$	1.00	10000	1500	1500	1900	2000	1600	1500

六、价值工程的方案创新与评价

在功能评价之后，必须针对改进的目标创造出新的方案，以便提高产品功能，降低成本。同时，为了寻求最佳的代替方案，对于创造出来的新方案，还必须进行评价和选择。

（一）价值工程的方案创新

方案创新是从提高对象的功能价值出发，在正确的功能分析和评价的基础上，针对应改进的具体目标，通过创造性的思维活动，提出能够可靠地实现必要功能的新方案。从某种意义上讲，价值工程可以说是创新工程，方案创造是价值工程取得成功的关键一步。所以，从价值工程技术实践来看，方案创造是决定价值工程成败的关键阶段。

1. 方案创新的基本原则

（1）不受时间、空间的限制，从长远着想，吸收先进技术和工艺。

（2）不受任何权威限制，广开思路，发挥创造性。

（3）不受原有产品和设备限制，大胆革新，促进产品更新换代。

（4）不受现有技术和材料限制，大胆开发。

（5）力求彻底改革，注意上位功能。

2. 方案创新的主要方法

（1）头脑风暴法。头脑风暴法是指自由奔放地思考问题。具体地说，就是由对改进对象有较深了解的人员组成的小集体在非常融洽和不受任何限制的气氛中进行讨论、座谈，打破常规、积极思考、互相启发、集思广益，提出创新方案。这种方法可使获得的方案新颖、全面、富于创造性，并可以防止片面和遗漏。这种方法以 5 ~ 10 人的小型会议的方式进行为宜，会议的主持者应熟悉研究对象，思想活跃，知识面广，善于启发引导，使会议气氛融洽，使与会者广开思路，畅所欲言。

会议应按以下原则进行：欢迎畅所欲言，自由地发表意见；希望提出的方案越多越好；对所有提出的方案不加任何评价；要求结合别人的意见提出设想，借题发挥；会议应有记录，以便于整理研究。

（2）歌顿法。歌顿法是歌顿在1964年提出的方法。这个方法也是在会议上提出方案，但究竟研究什么问题，目的是什么，只有会议的主持人知道，以免其他人受约束。例如，想要研究试制一种新型剪板机，主持会议者请大家就如何把东西切断和分离提出方案。当会议进行到一定时机，再宣布会议的具体要求，在此联想的基础上研究和提出各种新的具体方案。

（3）专家意见法。专家意见法又称德尔菲法，是由组织者将研究对象的问题和要求，函寄给若干有关专家，使他们在互不商量的情况下提出各种建议和设想，专家反馈设想意见，经整理分析后，归纳出若干较合理的方案和建议，再函寄给有关专家征求意见，然后回收整理，如此经过几次反复后专家意见趋向一致，从而最后确定出新的功能实现方案。这种方法的特点是专家们彼此不见面，研究问题时间充裕，可以无顾虑、不受约束地从各种角度提出意见和方案；缺点是花费时间较长，缺乏面对面的交谈和商议。

（4）专家检查法。专家检查法由主管设计的工程师做出设计，提出完成所需功能的办法和生产工艺，然后按顺序请各方面的专家（如材料的、生产工艺的、工艺装备的、成本管理的、采购的）审查。

（二）价值工程的方案评价

在方案创造阶段提出的设想和方案是多种多样的，能否付诸实施，就必须对各个方案的优缺点和可行性进行分析、比较、论证和评价，并在评价过程中进一步完善有希望的方案。

1.方案评价的基本内容

方案评价的内容包括技术评价、经济评价和社会评价。

（1）技术评价是对方案功能的必要性、必要程度（如性能、质量、寿命等）及实施的可能性进行分析评价。

（2）经济评价是对方案实施的经济效果（如成本、利润、节约额等）的大小进行分析评价。

（3）社会评价是对方案给国家和社会带来的影响（如环境污染、生态平衡、国民经济效益等）进行分析评价。

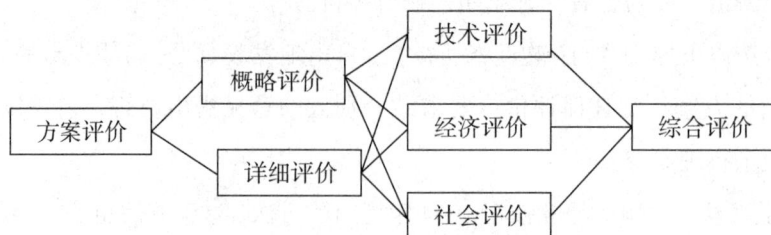

图 7-2 方案评价示意图

一般可先做技术评价，再分别做经济评价和社会评价，最后做综合评价，方案评价的构成如图 7-2 所示。

2. 方案评价的形式类别

方案评价一般分为概略评价、详细评价两种。

（1）概略评价是对创造出的方案从技术、经济和社会三个方面进行初步研究，其目的是从众多的方案中进行粗略筛选，使精力集中于优秀的方案，为详细评价做准备。

（2）详细评价是多目标决策问题，是在掌握大量数据资料的基础上，对概略评价中少数方案进行详尽的技术评价、经济评价和综合评价，为提案的编写和审批提供依据。

3. 方案评价的主要方法

用于方案综合评价的方法有很多，常用的定性方法有德尔菲法、优缺点列举法等。常用的定量方法有直接评分法、加权评分法、比较价值评分法、环比评分法、强制评分法、几何平均值评分法等。由于篇幅限制，以下主要分析优缺点列举法、直接评分法、加权评分法。

（1）优缺点列举法。这种方法是把每一个方案在技术上、经济上的优缺点详细列出，进行综合分析，并对优缺点做进一步调查，用淘汰法逐步缩小考虑范围，从范围不断缩小的过程中找出最优方案。

（2）直接评分法。根据各种方案能够达到各项功能要求的程度，按 10 分制（或 100 分制）评分，然后算出每个方案达到功能要求的总分，比较各方案总分，做出采纳、保留、舍弃的决定，再对采纳、保留的方案进行成本比较，最后确定最优方案。

（3）加权评分法。加权评分法，又称矩阵评分法。这种方法是将功能、成本等各种因素，根据要求的不同进行加权计算，权数大小应根据它在产品中所处的地位而定，算出综合分数，最后与各方案寿命周期成本进行综合分析，选择最优方案。加权评分法主要包括四个步骤：第一步，确定评价项目及其权重系数；第二步，根据各方案对各评价项目的满足程度进行评分；第三步，计算各方案的评分权数；第四步，计算各方案的价值系数，以较大的为优。方案经过评价，不能满足要求就淘汰，有价值的就保留。

七、价值工程的应用研究

下面以某贮配煤槽筒仓为例，说明价值工程在施工组织设计中的应用。

（一）价值工程活动对象的选择

施工单位对工程情况进行分析，工程主体由地下基础、地表至 16m 为框架结构并安装钢漏斗、16m 以上为底环梁和筒仓三部分组成。对这三部分主体工程就施工时间、实物工程、施工机具占用、施工难度和人工占用等进行测算，结果表明筒仓工程在指标中占首位，情况见表 7-9。

表 7-9 某筒仓各项指数预算

工程名称指标	地下基础（%）	框架结构、钢漏斗（%）	底环梁、筒仓（%）
施工时间	15	25	60
实物工程	12	34	54
施工机具占用	11	33	56
施工难度	5	16	79
人工占用	17	29	54

能否如期完成施工任务的关键在于能否正确处理筒仓工程面临的问题，能否选择符合本企业技术经济条件的施工方法。总之，筒仓工程是整个工程的主要矛盾，要全力解决。决定以筒仓工程为价值工程研究对象，以优化筒仓工程施工组织设计。

筒仓的基本功能是提供储煤空间，其辅助功能主要为方便使用和外形美观。在筒仓工程功能定义的基础上，根据筒仓工程内在的逻辑联系，采取剔除、合并、简化等措施对功能定义进行整理，绘制出筒仓工程功能系统图，如图 7-3 所示。

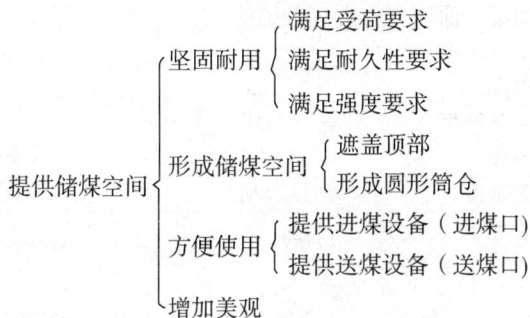

图 7-3 筒仓工程功能系统图

（二）价值工程的方案创造

根据功能系统图可以明确看出，施工对象是混凝土筒仓体。在施工阶段运用价值工程不同于设计阶段运用价值工程，重点不在于如何实现储煤空间这个功能，而在于考虑怎样实现。这就是说，采用什么样的方法组织施工（保质保量地浇灌混凝土筒仓体），是应用价值工程编制施工组织设计中所要解决的中心问题。根据"质量好、时间短、经济效益好"的原则，对工程技术做进一步技术经济评价。

1. 施工方案的评价

价值工程人员运用"给分定量法"进行方案评价，以 A、B、C、D 分别代表滑模、翻摸、大模板和合同外包 4 种施工方案，评价情况和具体打分结果见表 7-10。

表 7-10 评分结果表

方案评价			方案			
指标体系	评分等级	评分标准	A	B	C	D
施工平台	1. 需要制作	0	0			
	2. 不需要制作	10		10	10	10
模板	1. 制作专用模板	0	0		0	
	2. 使用标准模板	10		10		
	3. 不需制作模板	15				15
千斤顶	1. 需要购置	0	0			
	2. 不需要购置	10		10	10	10
施工人员	1. 少工种少人员	10	10			
	2. 多工种多人员	5		5	5	
	3. 无须参加	15				15
施工准备时间	1. 较短	15		15		
	2. 中等	10			10	
	3. 较长	5	5			
	4. 无须准备	20				20
受气候机械等影响	1. 较大	5	5			
	2. 较小	10		10	10	
	3. 不受影响	15				15
施工时间	1. 保证工期	10	10			
	2. 拖延工期	0		0	0	0
施工难度	1. 复杂	5	5			
	2. 中等程度	10			10	
	3. 简单	15		15		
	4. 无难度	20				20
合计			35	75	55	105

从得分结果可知，合同外包方案得分最高，其次为翻模和大模板施工方案。合同外包方案得分最高的原因在于其基本上没有费用支出，并不能简单认为合同外包方案较其

· 152 ·

他方案更优，需做进一步分析。利用给分定量法对施工方案做进一步分析，见表 7-11。

表 7-11 给分定量法施工方案评价表

方案评价			方案			
指标体系	评分等级	评分标准	A	B	C	D
技术水平	1. 清楚	10	10	10	10	
	2. 不清楚	5				5
材料	1. 需求量小	5				5
	2. 需求量大	10	10	10	10	
成本	1. 很高	5				5
	2. 较低	10	10	10	10	
工程质量	1. 保证质量	10	10	10	10	
	2. 难以保证	5				5
安全生产	1. 避免事故责任	10				10
	2. 尽量避免事故责任	5	5	5	5	
施工质量	1. 需要参加	5	5	5	5	
	2. 不需要参加	10				10
合计			50	50	50	40

表 7-11 表明，虽然合同外包方案可以坐享其成，但权衡利弊，应选翻模施工方案。为证明这种选择的正确性，进一步对各方案做价值分析，各方案的预算成本及价值指数见表 7-12。

表 7-12 各方案预算成本及价值指数表

方案	目标成本（万元）	预算成本（万元）	价值指数
A		> 710.80	< 0.886
B	630	630.30	0.999
C		660.70	0.954
D		> 750.00	< 0.840

由表 7-12 可知，方案 B 最优。

2. 翻模施工方案的优化

由于翻模施工方案存在多工种、多人员作业和总体施工时间长的问题，适宜用价值工程的方法做进一步优化。经考察，水平运输和垂直运输使大量人工耗用在无效益的搬运上，为减少人工耗用，有以下途径：

第一，成本不增加，人员减少。

第二，成本略有增加，人员减少而功效大大提高。

第三，成本减少，人员总数不变而提高工效。

根据以上途径，相应提出三种施工方案：方案 A：单纯减少人员；方案 B：变更施工方案为单组流水作业；方案 C：采用双组流水作业。

对以上三种方案采用给分定量法进行评价，方案 C 为最优，即采用翻模施工双组流

· 153 ·

水作业，在工艺上采用二层半模板和二层脚架施工。

通过运用价值工程，使该工程施工方案逐步完善，施工进度按计划完成，产值小幅度增加，利润提高，工程质量好，被评为全优工程。从降低成本方面看，筒仓工程实际成本为 577.2 万元。与原滑模施工方案相比节约 133.6 万元；与大模板施工方案相比节约 83.5 万元；与合同外包方案相比节约 172.8 万元；与翻模施工方案相比节约 53.0 万元，降低率为 8.4%；与目标成本相比下降 52.8 万元，降低成本率为 8.4%，成效显著。

第二节 建筑工程项目可行性研究与后评价

一、建筑工程项目可行性研究

可行性研究是运用现代科学技术成果，对拟建项目在建设投资决策前进行技术、工程、经济、环境社会等方面论证的一门综合性学科。它是保证建设项目以最少的投资耗费取得最佳的经济效果的科学手段，也是实现建设项目在技术上先进、经济上合理和建设上可行的科学方法。

具体地说，建设项目可行性研究是在投资决策前，对项目有关的社会、经济和技术等方面进行细致的调查研究、分析、计算和方案比较、论证，并对项目建成后可能取得的经济效果进行预测和评价，从而提出该项目是否投资建设和如何投资的意见，为投资决策提供依据的一种科学方法。

一般来讲，通过可行性研究要解答以下问题：

（1）建设项目在技术上是否可行？

（2）建设项目在经济上是否合理；在财务上的盈利有多大？

（3）建设项目需要的投资是多少？

（4）筹集资金的渠道有哪些？

（5）建设和维持该项目的生存和发展，需要多少人力、物力资源？

（6）项目所需的建设时间有多长？

概括起来，上述六个问题有三个方面的研究内容，即工艺技术方面的研究、市场需求和资源条件的研究、财务经济状况的分析研究。这三个方面的研究内容有着密切的联系，其中市场和资源是前提，技术是手段，财务经济状况是核心，全部可行性研究都必须围绕这个核心进行。

（一）可行性研究的意义

1.可行性研究是项目建设投资决策的依据。主管部门在审查建设项目时，很大程度上取决于可行性研究报告的论证结果。因此，可行性研究是投资者对项目进行决策的重要依据。

2.可行性研究是筹集工程项目建设资金的依据。银行要对建设项目实行贷款首先要严格审查项目的可行性研究报告，在对项目的经济效益、盈利状况进行分析的基础上，判断项目建成后的偿还能力。银行只有在确认项目有能力按时归还贷款，不至于承担较大风险时，才会给予贷款。

3.可行性研究是建设项目有关部门或单位之间签订各种合同的依据。根据可行性研究报告内容的要求，有关部门或单位签订为完成项目建设所需要的各种原材料、燃料、水电、运输以及其他各方面相互间的合同，以保证项目的顺利进行。

4.可行性研究是向当地政府及规划部门申请建设许可证的依据。项目可行性研究在经评审后，还须由地方规划部门和环保部门审查，审查内容符合要求或有治理措施时，才能发放建设许可证。

5.可行性研究是项目建设基础资料的依据。在可行性研究报告中，对工厂厂址、工艺技术方案、生产规模、交通运输、设备选型等方面的问题都进行了方案比较，并经反复分析论证，寻找出最佳的解决办法，提出了推荐方案。所以，可行性研究中的内容、数据可以作为项目基础资料的依据，并据此进行工程项目设计、设备加工订货以及建设前期的其他各项准备工作。

6.可行性研究是科研试验，项目拟采用的新技术、新工艺、新设备的依据。

7.可行性研究是企业机构设置、招收人员、职工培训等工作的依据。

8.可行性研究是组织施工、安排项目建设进度以及对工程质量进行检验的重要依据。

9.可行性研究是审查项目是否符合环保要求的依据。项目建设与环境和生态有着密切的联系，因此项目建设必须得到当地环保部门的认可。

（二）可行性研究的阶段

可行性研究是投资前期的主要工作内容，一般包括以下三个阶段：

1.投资机会研究。投资机会研究的主要任务是建设项目投资方提出建议，即在一定的地区和部门内，根据自然资源、市场需求、国家产业政策及国际贸易情况等，通过调查、预测和分析研究，选择建设项目，寻求最有利的投资机会。投资机会研究分为一般机会研究和特定项目机会研究两种。究竟是进行一般机会研究，还是进行特定项目机会研究，或者是两种机会研究同时开展，要根据建设项目的特点和具体情况确定。

2.初步可行性研究。初步可行性研究是在投资机会研究的基础上，进一步对项目建设的可能性与潜在的效益进行论证分析。在初步可行性研究阶段需对以下内容进行粗略的审查：市场和生产能力、材料供应状况、建厂地区和厂址、项目设计、管理费、人力、项目进度、项目财务分析等。通过初步可行性研究主要解决以下问题：

第一，分析投资机会研究的结论，在详细资料的基础上做出是否投资的决定。

第二，是否应该进行最终可行性研究。

第三，有哪些关键性问题需要做辅助研究。

第四，是否有充分的资料说明该项目是否可行，以及项目对投资者有无足够的吸引力。

3.详细可行性研究。详细可行性研究又称最终可行性研究，还可称为技术经济可行性研究，是在项目决策前对与项目有关的工程、技术、经济等方面进行详尽、系统、全面的调查、研究、分析，对项目的建设方案和技术方案进行详细的比较论证，并对项目建成后的经济效益、国民经济效益、社会效益进行预测和评价的一种科学的分析方法，是对项目进行评估和决策的重要依据。详细可行性研究明确回答项目是否应该投资和怎样投资的问题。

以上各类可行性研究工作都是相互关联、相互交叉的，每一研究阶段都起着承上启下的作用，后一阶段的研究工作是在前一阶段研究工作的基础上进行的，并且前一阶段的研究工作为后一研究阶段提出了深入研究的问题和方向。实际上，各阶段的研究工作是一个整体，其研究过程是由粗到细、由浅到深，对方案和目标不断筛选，因此可供选择方案的范围越来越小，目标逐渐明确并最终形成最佳方案，为投资决策提供依据。

（三）可行性研究的内容

建设项目种类繁多，要求和条件各不相同，各有重点，其可行性研究通常包括的内容有总论、市场研究和生产规模的确定、原材料和技术路线的选择、建厂地区与厂址的选择、项目的财务规划、项目资金筹措和债务偿还、项目的财务评价、项目的国民经济评价、结论与建议等。

1.可行性研究的总论

总论包括项目背景、项目概况和主要结论。

（1）项目背景。介绍建设项目的背景、投资环境、项目建设投资的必要性和经济意义，说明项目对国民经济部门及有关经济方面的影响等。

（2）项目概况。主要介绍项目名称及项目梗概、项目承办单位和项目投资者等内容。

（3）主要结论。综述可行性研究的主要结论和存在的问题与建议，并对建设项目的主要技术经济指标进行列表加以说明。

2. 市场研究与生产规模的确定

市场需求状况和生产规模是可行性研究中首先需要进行调查研究的问题。只有对当前市场进行详细调查，掌握需求状况，才能估算出某种特定产品进入市场的可能性和占有程度。在此基础上考虑拟建项目的生产规模、所采用的工艺、生产规划和推销策略等，论证拟建项目的建设规模和产品方案。

3. 原材料与技术路线的选择

工业项目的产品都是以一定的原材料投入，按照一定的工艺技术进行生产的。项目的原材料和技术路线决定项目产品生产的形式与过程，从而基本上决定了项目产品的内在特征、外部形态、质量、生产成本等方面及项目的基本框架，因而对项目是否成功较为关键。

（1）原材料的选择。原材料费用是产品成本的重要组成部分，原材料的选择关系着工艺技术路线及设备选择、厂址方案选择等项目的决策。一种产品可能用不同的原材料或原材料组合来生产，每种原材料一般具有多种用途，因此有一个合理选择的问题。项目原材料路线的选择原则如下：

第一，可用性。即所选原材料生产的产品符合项目的预定要求。

第二，可供性。即所选原材料有稳定可靠的供应来源。

第三，经济性。即用所选原材料生产产品时的投资与成本在经济上应该合理。

第四，合理性。即从国民经济角度看对资源的利用是充分的，配置是合理的。

（2）工艺技术路线的选择。工艺技术路线是指产品生产的工艺技术方案或方法，是项目成败的关键所在。项目工艺技术路线的选择应从可靠性、先进性、适用性和经济性等方面进行考察，同时还应评价其环境影响，包括地区环境质量的目标性、可处理性及经济性三个方面的评价。此外，广义的工艺技术路线选择还应包括设备的选择。设备选择除遵照工艺技术路线选择的一般原则外，还应考虑设备的成套性及灵活性。

4. 建厂地区与厂址的选择

基于对市场需求、项目的生产规模、生产规划和投入需要等做出的预测结论，确定适于该项目建设的厂址，也就是通过对建设项目经营与厂址周围环境的相互影响的研究，进行厂址选择。厂址选择包括选择项目的坐落地点和确定具体厂址两项内容。选择地点是指在相当广阔的范围内，在一个地区、省或某段河岸等范围内选择适宜的区域，然后在选定的区域内考虑几个可供选择的厂址。

在确定工业项目地点时，应该考虑以下方面的因素：

（1）国家的方针政策。在选择建厂地区时，应考虑合理地配置工业，减少在工业城市建设大型工业企业的必要性，考虑国防要求，考虑禁止在风景区建设工厂的政策要求；还应考虑鼓励和帮助少数民族地区与边远落后地区发展工业等政策。

（2）与产、供、销的关系。建厂地区应选择在靠近原料、燃料产地，靠近产品消费地区，有水源、电源方便条件及交通便利的地区。当然，对于不同产品、不同特点的原料及不同的生产方法，厂区的选择标准也不完全相同。总之，在选择建厂地区时，应结合项目的具体情况进行。

（3）当地的基础结构状况。建厂地区必须考虑到地区的能源、运输、水源、通信及工业结构的状况，因为这些基础结构状况对项目选址的影响很大。如果某一项目在生产过程中需要耗费大量的电力，那么就不能把该项目建设在供电不足或单位电费很高的地区。

5. 项目资金筹措和债务偿还

（1）项目资金筹措。筹措项目所需资金是项目建设的基本条件之一。资金成本是项目成本的一个重要组成部分。项目的资金来源有国内资金和国外资金，其中每类资金来源都包含若干个不同的渠道。项目的总资金成本是项目实际使用的各种资金成本的加权平均值。总资金成本最低的方案为最佳筹资方案。

（2）债务的偿还。应在履行借贷合同的条件下，先偿还资金成本高的债务，后偿还资金成本低的债务。能否如期偿还债务取决于项目的偿还能力。

6. 项目财务评价

项目的取舍最终取决于项目投资的预期效益。项目的财务评价是从项目承办企业的角度对项目财务效益进行的评价，其评价结论是项目决策的重要依据。

财务评价中，项目的财务效益通过财务评价指标值来反映。按是否考虑资金的时间价值，财务评价指标分静态评价指标和动态评价指标两类。静态评价指标有静态投资回收期、投资利润率、借款偿还期等，动态评价指标有财务净现值、财务内部收益率、财务外汇净现值等。

为计算上述指标，须编制财务现金流量表、利润表、财务平衡表、外汇平衡表等基本财务报表及相应的基础财务报表。

7. 项目国民经济评价

项目建设的最终目的是实现国民经济的增长。国民经济评价就是从国民经济增长目标出发评价项目的经济合理性。在项目的国民经济评价中，常用影子价格代替财务价格，以反映资源对国民经济的真实价值。项目的国民经济评价的主要指标是经济内部收益率和经济净现值，它们是在编制经济现金流量表的基础上计算得出的。

以上探讨了可行性研究的基本内容，但对每一个具体项目，其内容有所增减或侧重。例如：对于轻纺工业项目，首先应考虑产品的销售条件；对于宾馆饭店的建设，重点应考虑客源，分析其数量和特点，以确定建设项目的规模、等级等。总之，在进行可行性研究论证工作时，必须根据建设项目的特点，采取认真、客观的态度，实事求是地进行分析。

（四）可行性研究的步骤

项目的可行性研究，一般由项目业主根据工程需要，委托有资格的设计院或咨询公司进行可行性研究，编制可行性研究报告。

1.委托与签订合同。项目的可行性研究，可以由项目主管部门直接给工程设计单位下达任务进行，也可以由项目业主自行委托有资格的工程设计单位承担。项目业主和受委托单位签订的合同中一般应包括：进行该项目可行性研究工作的依据，研究的范围和内容，研究工作的进度和质量，研究费用的支付办法，合同双方的责任、协作和关于违约处理的方法等主要内容。

2.组织人员和制订计划。受委托单位接受委托后，应根据工作内容组织项目组，并确定项目负责人和各专业负责人。项目组根据任务要求，研究和制订工作计划与安排实施进度。在安排实施进度时，要充分考虑各专业的工作特点和任务交叉情况，协调技术专业与经济专业的关系，为各专业工作留有充分时间，根据研究工作进度和内容要求，如果需要向外分包，应落实外包单位，办理分包手续。

3.调查研究与收集资料。项目组在了解清楚委托单位项目建设的意图和要求的基础上，查阅项目建设地区的经济、社会和自然环境等情况的资料。拟定调查研究提纲和计划，由项目负责人组织有关专业人员赴现场进行实地调查和专题抽样调查，收集与整理所得的初步基础资料和技术经济资料。调查的内容包括市场和原材料、燃料、厂址和环境、生产技术、财务资料及其他。各专题调查可视项目的特点和要求分别拟定调查细目、对象和计划。

4.方案设计与优选。接受委托的工程设计单位，根据建设项目建议书，结合市场和资源环境的调查，在收集整理了一定的设计基础资料和技术经济基本数据的基础上，提出若干种可供选择的建设方案和技术方案，进行比较和评价，从中选择或推荐最佳建设方案。

技术方案一般应包括生产方法、工艺流程、主要设备选型、主要消耗定额和技术经济指标、建设标准、环境保护设施、定员等。

项目的建设方案一般应包括：市场分析、产品供销预测、生产规模、产品方案的选择、产品价格预测；核算原材料和燃料的需要量、规格，评述资源供应情况和供应条件，预测原材料、燃料的进厂价格；估算工厂全年总运输量，选择运输方案；确定外协工作和协作单位；厂址选择及其论证；项目筹资方案，如有贷款，应说明贷款来源、利息、偿还条件；项目的建设工期安排；等等。

5. 经济分析和评价。按照建设项目经济评价方法的要求，对推荐的建设方案进行详细的财务分析和国民经济分析，计算相应的评价指标，评价项目的财务生存能力和从国家角度看的经济合理性。

在经济分析和评价中，须对各种不确定因素进行敏感性分析和风险分析，并提出风险转移规避等防范措施。当项目的经济评价结构不能达到有关要求时，可对建设方案进行调整或重新设计，或对几个可行性建设方案同时进行经济分析，选出技术、经济综合考虑较优者。

6. 编制可行性研究报告。在对建设方案和技术方案进行技术经济论证与评价后，项目负责人组织可行性研究项目组成员，分别编写详尽的可行性研究报告，在报告中可推荐一个或几个项目建设方案，也可提出项目不可行的结论意见和项目改进的建议。

二、建设工程项目后评价

可行性研究和项目前评价是在项目建设前进行的，其判断、预测是否正确，项目的实际效益如何，需要在项目竣工投产后根据实际数据资料进行再评估来检验，这种再评估就是项目后评价。项目后评价可以全面总结项目投资管理中的经验教训，为以后改进项目管理和制订科学的投资计划提供现实依据。

建设工程项目后评价是指在项目建成投产并达到设计生产能力后，对项目的投资决策、设计准备、施工建设、竣工验收及生产运营情况全过程进行分析和总结，对项目取得的经济效益、社会效益和环境效益进行综合评价。

（一）后评价的特性

1. 现实性。项目后评价分析研究的是项目实际情况，所依据的数据资料是现实发生的真实数据或根据实际情况重新预测的数据，而项目可行性研究和项目前评价分析研究的是项目未来的状况，所用的数据都是预测数据。

2. 全面性。在进行项目后评价时，既要分析其投资过程，又要分析其经营过程；不仅要分析项目投资的经济效益，而且要分析项目经营管理的状况和发展潜力。

3. 探索性。项目后评价要分析企业状况，发现问题并探索未来的发展方向，因而要求项目后评价人员具有较高的素质和创造性，把握影响项目效益的主要因素，并提出切实可行的改进措施。

4. 反馈性。项目后评价的目的在于为有关部门反馈信息，为今后项目管理、投资计划的制订和投资决策积累经验，并用来检测项目投资决策的正确与否。

5. 合作性。项目后评价需要多方面的合作，如专职技术人员、项目经理、企业经营管理人员、投资项目主管部门等多方融洽合作，项目后评价工作才能顺利进行。

（二）后评价的作用

1. 总结项目管理的经验教训，提高项目管理水平。建设项目管理是一项极其复杂的活动，涉及计划、主管部门、企业、物资供应、勘察设计、施工等许多部门，因此项目的顺利完成关键在于这些部门之间的相互协调与密切合作，保质保量地完成各项工作任务。通过项目后评价，有利于指导未来项目的管理活动，提高项目管理的水平。

2. 提高项目决策科学化水平。通过建立完善的项目后评价制度和科学的方法体系，一方面提高项目预测的准确性；另一方面可以通过项目后评价的反馈信息，及时纠正项目决策中存在的问题，从而提高未来项目决策的科学化水平。

3. 为国家投资计划、政策的制定提供依据。项目后评价能够发现宏观投资管理中的不足，从而国家可以及时地修正某些不适合经济发展的技术经济政策，修订某些已经过时的指标参数，合理确定投资规模和投资方向，协调产业、各部门之间及其内部的各种比例关系，促进投资管理的良性循环。

4. 为银行及时调整信贷政策提供依据。通过项目后评价，及时发现项目建设资金使用中存在的问题，分析研究贷款项目成功或失败的原因，为银行调整信贷政策提供依据，确保资金的按期回收。

5. 对企业经营管理进行"诊断"，促使项目运营状态正常化。项目后评价是在项目运营阶段进行的，考察项目投资决策的正确性和预期目标的实际程度。探索产生偏差的原因，提出切实可行的改进措施，促使项目运营状态正常化，提高项目的经济效益和社会效益。

（三）后评价的内容

项目的类型、规模、复杂程度及后评价目的的不同，使每个项目进行后评价的内容也不完全一致。

1. 项目立项决策的后评价。根据国民经济发展规划和国家制定的产业政策以及区域经济优势，结合项目的实际情况，检验项目建议书、可行性研究报告和项目评估报告的编制是否坚持了实事求是的原则。如果项目实施结果偏离预测目标较远，要分析产生偏差的原因，并提出相应的补救措施。

2. 项目生产建设条件的后评价。着重分析项目实施过程的建设条件，建成投产后的生产条件与当初项目评估决策时主要条件的变动，做出定性与定量分析，剖析重要差别的原因，并提出诊断建议。

3. 项目技术方案的后评价。即对工程设计方案、项目实施方案的再评价，以确认技术方案的先进性和适用性。

4. 项目经济后评价。包括项目财务后评价和项目国民经济后评价两部分。

（四）后评价的要点

后评价的要点需要说明项目后评价的目的、组织机构、后评价报告的编制单位、后评价工作的起止时间、评价的资料来源和依据及评价方法，以及项目实施的总概况。

1. 前期工作的后评价

（1）项目筹备工作的后评价。主要评价项目筹建机构及其领导班子是否健全，筹建机构人员构成及其素质情况；项目筹建机构的各项制度是否明确；项目筹建机构的设立是否符合国家投资体制改革的方向；项目筹建计划是否科学；等等。

（2）项目决策的后评价。包括项目可行性研究报告编制单位的名称、资质，项目可行性研究报告编制依据，可行性研究报告起止时间，项目决策程序是否符合基本建设程序，项目决策的效率与质量；等等。

（3）项目委托施工的后评价。主要评价项目的施工单位是否是通过公开招标方式选择的，施工单位的选择是否受行政干预的影响；施工单位的资格审查；施工合同中双方的权利与责任是否明确；等等。

（4）项目物资落实情况的后评价。建设物资、资金是否落实，是否签订了设备采购合同，合同中双方的权利与责任是否明确，是否存在盲目订货的现象；等等。

2. 实施过程的后评价

（1）项目开工的后评价。主要评价项目开工条件是否具备，手续是否齐全，是否有经有关部门批准的开工报告；项目实际开工时间与计划开工时间是否相符，提前或延迟的原因是什么，对整个项目建设乃至投资效益发挥的影响如何。

（2）项目变更情况的后评价。主要评价项目范围变更与否，变更的原因，项目设计变更，变更对项目建设工期、造价、质量的实际影响如何。

（3）项目施工组织与管理的后评价。主要评价施工组织方式、施工进度、施工项目成本控制、施工技术与方案制订的依据等。

（4）项目建设资金供应与使用情况的后评价。主要评价建设资金供应是否适时适度，建设资金运用是否符合国家财政信贷制度规定，资金占用情况是否合理，考核和分析全部资金的实际作用效率。

（5）项目建设工期的后评价。评价的主要内容有：核实各单位工程实际开工、竣工日期，查明实际开工、竣工日期提前或推迟的原因并计算实际建设工期。

（6）项目建设成本的后评价。对项目实际建设成本、实际成本超支与节约的原因进行评估。

（7）项目工程质量和安全情况的后评价。

（8）项目竣工验收的后评价。主要评价项目竣工验收组织工作及其效率。

（9）同步建设的后评价。主要评价相关项目在时间安排上是否同步，不同步的原因何在，对项目投资效益的发挥有何影响。

（10）项目实际生产能力与单位生产能力的投资评价。

3. 运营的后评价

项目运营后评价的内容很多，包括对企业经营管理状况的评价，也包括对实际取得的投资效益的评价和未来投资效益的预测。其主要内容有以下几个方面：

（1）企业经营管理状况的后评价。

（2）项目产品方案的后评价。

（3）项目达产年限的后评价。

（4）项目产品生产成本的后评价。

（5）项目产品销售利润的后评价。

（6）项目经济的后评价。

（7）对项目可行性研究水平进行综合评价。

（五）后评价的程序

随项目规模、复杂程度的不同，项目后评价的具体工作程序也有所区别。但总的来看，一般项目的后评价都遵循一个客观和循序渐进的过程，具体概括为以下步骤：

1. 组织项目后评价机构。组织项目后评价机构是指由谁来组织项目后评价工作，这是具体实施项目后评价首先要解决的问题。根据项目后评价的概念、特点和职能，我国项目后评价的组织机构应符合客观性、公正性要求和具有反馈检查功能要求。

2.选择项目后评价的对象。原则上，所有竣工投产的投资项目都要进行后评价，项目后评价应纳入项目管理程序之中。但实际工作中，由于各方面条件的限制，只能有选择地确定评价对象。现阶段，我国在选择项目后评价的对象时优先考虑以下类型项目：

第一，投产后经济效益明显不好的项目。如投产后一直亏损或主要技术经济指标明显低于同行业平均水平，或生产一直开工不足、生产能力得不到正常发挥的项目等。

第二，国家亟须发展的短线产业部门的投资项目。主要是国家重点投资项目，如能源、通信、交通运输、农业等项目。

第三，国家限制发展的长线产业部门的投资项目。如某些家用电器投资项目等。

第四，一些投资额巨大、对国计民生有重大影响的项目。如宝钢、京九铁路等项目。

第五，一些特殊项目。如国家重点投资的新技术开发项目、技术引进项目等。

3.收集资料和选取数据。项目后评价是以大量的数据、资料为依据的。这些数据和资料的来源要可靠，应由项目后评价者亲自调查整理。需要收集的数据和资料如下：

第一，档案资料。包括建设项目的规划方案、项目建议书和批文、可行性研究报告、评估报告、设计任务书、初步设计材料和批文、施工图设计和批文、竣工验收报告、工程大事记、各种协议书和合同及有关厂址选择、工艺方案选择、设备方案选择的论证材料等。

第二，项目生产经营资料。包括生产、销售、供应、技术、财务、劳动工资等部门的统计年度报告。

第三，分析预测的基础资料。包括建设项目开工以来的利率、汇率、价格、税种、税率、物价指数变化的有关资料。

第四，与项目有关的其他资料。如国家及地方的产业结构调整政策、发展战略和长远规划，国家和地方颁布的规定和法律文件等。

（4）分析和加工收集的资料。对所收集的数据和资料进行汇总、加工、分析和整理，对需要调整的数据和资料进行调整。

（5）评价及编制后评价报告。编制各种评价报表及计算指标，与前评价进行对比分析，找出差异及原因。由评价组编制后评价报告。

（6）上报后评价报告。把编制的正式后评价报告和其重点内容摘要上报给组织后评价的部门。

（六）后评价的方法

目前，国内外进行项目后评价的方法很多，主要和常用的方法有如下三种：

1. 后评价的对比分析法

（1）前后对比法。前后对比法是指将项目实施前与完成后的实际加以对比，确定项目的作用与效益的一种方法。项目后评价是将项目前期的可行性研究和评估的预测结论与项目的实际运行结果相比较，从中找出存在的差别及原因。这种对比用于揭示计划、决策和实施的质量，是项目过程评价应遵循的原则。

（2）有无对比法。有无对比法是指将项目实际发生的情况与无项目时可能发生的情况进行对比，以度量项目的真实效益、影响和作用的一种方法。对比的重点是分清项目作用的影响与项目以外作用的影响。主要将财务评价这种对比用于项目的效益评价和影响评价，是项目后评价的一个重要方法论原则。

2. 后评价的逻辑框架法

逻辑框架法（LFA法）是将几个内容相关、必须同步考虑的动态因素结合起来，通过分析其相互之间的关系，从设计、策划、目的、目标等方面来评价一项活动或工作。LFA法为项目计划者和评价者提供了一种分析框架，用以确定工作的范围和任务，并对项目目标和达到目标所需要的手段进行逻辑关系的分析。

LFA法的模式是一个4×4的矩阵，横行代表项目目标的层次（垂直逻辑），竖行代表如何验证这些目标是否达到（水平逻辑）。垂直逻辑用于分析项目计划做什么，弄清项目手段与结果之间的关系，确定项目本身和项目所在地的社会、经济、政治环境中的不确定因素。水平逻辑是衡量项目的资源和结果，确立客观的验证指标及其指标的验证方法，水平逻辑要求对垂直逻辑4个层次上的结果做出详细说明。逻辑框架法的模式见表7-13[1]。

表7-13 逻辑框架法的模式

层次描述	客观验证指标	验证方法	重要外部条件
目标	目标指标	监测和监督手段及方法	实现目标的主要条件
目的	目的指标	监测和监督手段及方法	实现目的的主要条件
产出	产出物定量指标	监测和监督手段及方法	实现产出的主要条件
投入	投入物定量指标	监测和监督手段及方法	实现投入的主要条件

项目后评价通过应用LFA法来分析项目原定的预期目标、各种目标的层次、目标实现的程度和原因，用以评价其效果、作用和影响。表7-14[2]是某投资项目后评价的逻辑框架。

1　章喆，胡毓. 建筑工程经济 [M]. 郑州：黄河水利出版社，2010.
2　章喆，胡毓. 建筑工程经济 [M]. 郑州：黄河水利出版社，2010.

表7-14 某投资项目后评价的逻辑框架

层次描述	预计目标	实际结果	原因分析	可持续条件
宏观目标				
项目目的				
项目产出				
项目投入				

3. 后评价的成功度分析法

成功度分析法是要对项目实现预期目标的成败程度给出一个定性的结论。成功度就是对成败程度的衡量标准。一般来说，成功度可分为完全成功、成功、部分成功、不成功及失败五个等级。

在测定各项指标时，采用打分制，用评定等级标准A、B、C、D四个等级来表示。通过指标重要性分析和单项成功度结论的综合，可以得到整个项目成功度指标，也可用A、B、C、D表示。

参考文献

[1] 姜慧，陈晓红 . 建筑工程经济 [M]. 武汉：武汉理工大学出版社，2014.

[2] 闫魁星，佘勇，程玲 . 建筑工程经济 [M]. 上海：上海交通大学出版社，2015.

[3] 章喆，胡毓 . 建筑工程经济 [M]. 郑州：黄河水利出版社，2010.

[4] 高琴，李茜 . 建筑工程经济 [M]. 重庆：重庆大学出版社，2016.

[5] 何俊，马庆华，张志 . 建筑工程经济（第 2 版）[M]. 武汉：华中科技大学出版社，2015.

[6] 方成龙 . 建筑企业开展工程项目经济活动分析的价值及思考 [J]. 建筑经济，2020，41（4）：5-7.

[7] 申喆 . 超低能耗绿色建筑技术解析与发展趋势——评《超低能耗绿色建筑技术》[J]. 混凝土与水泥制品，2020，（7）：96-97.

[8] 杨德钦，岳奥博，陈琳彦 . 建筑经济与管理学科研究分布及演进趋势 [J]. 建筑经济，2020，41（3）：92-98.

[9] 张煊峥 . 探究 BIM 在建筑工程中的规划与应用——评《BIM 项目管理规划及应用》[J]. 林产工业，2019，56（10）：78.

[10] 卓菁 . 浅谈建筑工程造价波动因素及控制 [J]. 中国经贸导刊，2019，（8）：105-107.

[11] 刘静 . 城市建筑工程造价效益分配优化控制技术 [J]. 科学技术与工程，2018，18（31）：205-210.

[12] 周红波，姚浩，冯鑫 . 基于价值工程的既有工业建筑改造技术经济评价研究 [J]. 建筑经济，2008，（1）：56-58.

[13] 王煜，邓晖，李晓瑶，等 . 自然语言处理技术在建筑工程中的应用研究综述 [J]. 图学学报，2020，41（4）：501-511.

[14] 邓毅，周煜智 . 工程造价控制导向下的建筑方案优化设计方法 [J]. 建筑经济，2020，41（7）：63-70.

[15] 张彩江，李章雯 . 价值工程视角下的区域创新绩效体系构建研究 [J]. 科技管理研究，2020，40（11）：66-73.

[16] 王伟 . 论管理会计在建筑施工企业财务管理中的应用分析——评《建筑施工企业财务与会计实务》[J]. 电镀与精饰，2020，42（5）：53.

[17] 薛晓荣 . 建筑施工企业全流程财务管理模式探析 [J]. 会计之友，2019，（17）：50-54.

[18] 刘源宝 . 基于财务共享服务的建筑施工项目成本管理研究 [J]. 商业会计，2019，（15）：27-30.

[19] 鲁帆 . 建筑施工企业财务风险控制与防范研究 [J]. 商业会计，2012，（19）：106-108.

[20] 乐嘉伟 . 重大建设工程全程资金监管模式 [J]. 建筑技术，2015，46（2）：143-146.

[21] 许璟琳，高尚，余芳强 . 基于图论的建筑机电设备逻辑关系自动提取方法 [J]. 图学学报，2020，41（2）：313-318.

[22] 蒲仪军 . 中国近代建筑设备工程制度初探 [J]. 暖通空调，2018，48（5）：38-41，71.

[23] 张东海，黄炜，黄建恩，等 . 建筑环境与设备工程专业综合创新型实验平台的建设 [J]. 实验室研究与探索，2014，33（6）：193-196，203.

[24] 徐宁，梁第 . 建筑安全风险因素分级排序的风险矩阵法 [J]. 工业安全与环保，2020，46（4）：24-27，46.

[25] 刘孟凯，张姝洁 . 城区建筑施工的环境影响风险评估研究 [J]. 工业安全与环保，2020，46（3）：85-90.

[26] 戴菲 . 基于绿色生态经济的住居建筑技术经济学研究——评《建筑技术经济学》[J]. 国际贸易，2019，（12）：97.